스포츠멘탈코칭
바이블

정체성을 잃어버린 현대사회 운동선수들에게

스포츠멘탈코칭 바이블

김범수 지음

MENTAL
COACHING

도서출판 **더로드**
The Road Books

온전한 나를 찾아서

세월이 날아가는 화살 같다는 말이 실감난다. 상담사의 삶을 살아온 지 어느새 10여 년 흘렀다. 그간 나는 마음 아픈 이들을 참으로 많이 마주해 왔다.

그들이 가진 가슴 아픈 사연들, 남들에게 결코 내보이고 싶지 않은 마음의 상처, 순탄하지 않은 가족 관련 이야기 등 나는 수많은 감정을 받아내며 그들과 동행했다.

처음에는 그들의 고통스런 감정을 받아들이는 과정에서 종종 내 마음이 온통 소진되어 이 길에 발을 내딛은 것을 후회한 적도 있었다. 하지만 오래지 않아 그들로부터 습득한 다양하면서 간접적인 경험들이 나의 내면의 지평(地平)을 넓혀 주고 있음을 알고부터는 내가 가고 있는 길이 자랑스러워지기 시작했다. 나라는 개인으로서는 결코 경험할 수 없는 다양한 세상을 맞이할 수 있었으며, 동시에 아무나 가볼 수 없는 타인의 인생자리에 동참할 수 있었다는 것은 이 길이 가진 특권이 아니라면 또 무엇이겠는가.

몇 년 전인가부터 목 부위부터 겨드랑이 쪽 부위까지 심한 통증이 있었다. 그저 단순한 근육통이려니 하고 심각하게 여기지 않고 그냥 넘기며 살았다. 하지만 증세가 점점 심해졌다. 때로는 눈 부위까지 통증이 있기도 했다. 심할 때는 병원에 가 보았지만 단순 근육통으로만 진단을 받고 진통제를 맞았을 뿐이다. 최근에 안식년처럼 2달 정도 쉬는 중 아팠던 부위가 참을 수 없을 정도로 다시 쑤셨다. 열도 좀 있는 것 같아 병원에 갔더니 수포가 없는 대상포진인 것 같다고 했다. 그토록 나를 괴롭혀왔던 통증이 대상포진 때문이었다니.

그 동안 몇 년 묵어 익숙해진 고통 때문에 예민해지는 날도 많았고 우울해지는 날들도 있었다. 마음의 고통도 이와 같다. 남들에게 아무리 말해도 알아주지 못하는 자신만의 고통과의 싸움은 치를 떨게 할 만큼 지겹고 끔찍할 때가 있다. 심지어 가족에게 말해도 알아주지 않는 경우가 많다. 이런 자기와의 싸움은 사람을

지치고 힘들게 한다. 이처럼 고난 가운데 함께 있어주고 위로자로
서 그들과 함께 성장해 나가는 것이 나의 길이며 이러한 나의 길
이 나는 참 좋다.

그동안 나는 상담 현장으로 직접 찾아다니는 스포츠 멘탈코치
로 살았다. 도시에서부터 시골, 해외까지 지구촌 구석구석을 누비
며 나를 필요로 하는 사람들을 만났다.

그들의 이야기를 들어주며 함께 울고 웃었다. 상담 여행 중 만
난 아름다운 풍경들은 나를 환영해 주었고, 낯선 도시의 풍경들
은 나의 모험심을 풍족하게 채워 주었다.

이 책의 내용은 다음과 같다.

1부에서는 스포츠 문화와 시대적 사조에 대해 서술했으며, 청

소년 및 성인 선수들, 학부모와 지도자들이 알아야 할 필수내용들로 구성했다.

2부에서는 스포츠선수들의 실제 상담사례와 그 내용을 에세이 식으로 서술했다. 사례들은 독자들이 읽기 쉽게 다소 윤색하여 서술했다. 상담 정보 공개 등의 윤리적인 문제와 관련해서는 내담자의 동의를 구했다. 이 외의 사례들은 모두 각색하여 재구성했다. 각 사례들을 통해 선수들에게 언제든지 일어날 수 있는 심리적 문제들에 대한 통찰을 얻기를 바란다.

3부에서는 사례에 대한 구체적인 해결책을 주기 위해 대화체로 구성했다. 쉬운 내용이지만 꼭 알아야 할 필요한 내용들로 구성되어 있다.

요즘 나는 상담을 잠시 멈추고 잠시 책을 쓰면서 재충전하고 있다.

아무리 뒤돌아 보아도 나는 계속해서 이 길을 걷고 싶다.

육체의 고통이든 내면의 고통이든 확실히 고통의 시간은 사람을 크게 한다. 두서 없이 넓혀만 갔던 지평을 정리하는 시간을 만들어 준다. 삶 가운데 고통은 주요 주제가 되며 고통과 더불어 살아갈 수 있음을 인지하면, 우리는 어느 샌가 숙련된 모험가가 될 것임이 틀림없다.

이 책 출간에 붙여, 모험 중 늘 나에게 올바른 방향을 가르쳐 준 김진구 선생님과 마크 깁슨에게 감사의 마음을 보낸다. 또한, 나와 함께 길을 걸어주고 있는 사랑하는 아내 수현, 존재만으로도 위로가 되는 은강이와 은상이에게 깊은 사랑을 전한다. 무엇보다 지금까지 나를 신실하게 인도해주신 하나님께 모든 영광을 돌린다.

상담은 때론 모험과도 같다

차
례

PART 1

현대 스포츠 문화와 우리

SPORTS MENTAL COACHING BIBLE

스포츠 문화 안에서의
운동선수들의 정서

현장에서 만나는 많은 운동선수들이 불면증과 우울증을 겪고 있다. 매일 반복되는 운동은 물론 지도자와의 관계에서 오는 압박감과 선후배 관계 그리고 아주 당연하게 여겨지는 경기력 향상 면에서 정서적 압박감을 해소할 돌파구를 찾지 못하는 선수들이 많다.

특히 자기 정체성이 완성되기 이전인 청소년 시기에는 팀 내에 퍼져있는 스포츠 문화의 영향을 고스란히 받는다. 물론 팀마다 다르지만, 지면 안 되는 문화, 실수하면 기회를 잃는 문화, 패배하면 질책을 당하는 문화 안에서 운동을 하는 아이들은 신음하고 있다. 실제로 선수촌에 있는 선수들 중에는 불면증, 불안, 대인관계 문제들을 호소하는 경우가 많다. 심리적 스트레스와 압박감

그리고 처리하지 못한 감정으로 인한 후유증의 결과이다.

그럼에도 불구하고 이들이 도움을 구하지 못하는 이유는, 스스로 연약함을 인정하는 것에 대한 두려움과 타인의 시선에 의한 두려움 때문이다. 최근 상담을 진행했던 한 운동선수는 한창 운동을 할 20대 초반에 심리적 어려움을 호소했다. 이런 아픔은 단순히 그들의 삶에서만 나타나지 않는다. 가장 중요하게 생각하는 경기 중에서도 나타났고, 가장 잘하는 동작을 할 때도 선수의 심리와 몸을 장악했다. 그는 도저히 통제할 수 없는 시련 앞에서 주저앉아 울음을 터뜨린 적도 많다고 했다. 심리적 증상은 약물 없이도 치료가 가능하다. 위 선수의 경우, 다행히도 상담과 교육을 진행하면서 회복이 되었다. 단순한 상담만이 아닌 가치관과 세계관을 이해시킴으로써 사고의 폭이 확장되자 더 이상 일상에서나 경기장에서 증상이 나타나고 있지 않다.

상담실에서 부모들이 가장 많이 하는 말은 "우리 아이가 이런 상태인지 몰랐어요."라는 말이다. 참아내야 하는 문화와 환경에서 운동선수들은 자신의 고통스런 마음과 상처까지 숨긴다. 가장 잘 알 것 같은 자녀의 마음이 때론 가장 멀리 있다는 사실을 꼭 기억해야 한다. 경기장 안에서 최고로 수행하는 것만으로 자녀의 진짜 마음을 가려서는 안 된다.

스포츠 문화 변혁의
필요성

스포츠 문화와 사상

과거부터 이어져 오는 전통적인 문화는 변화되기 어렵다. 또한 누군가가 자신이 자라온 문화 영역에서 개혁자로 살아가는 경우를 보기란 쉽지 않다. 20여 년 전에만 해도 폭력이 난무하던 스포츠계에서 직접적인 폭력은 사라졌지만, 여전히 다른 종류의 괴롭힘과 일탈은 지속되고 있다.

포스트모더니즘 시대를 살아가고 있는 청소년 운동선수, 성인 운동선수, 장애인 운동선수들은 현대사회가 어떤 사상적 흐름 속에 있는지 알지 못한 채 스포츠 문화권에 들어와서 정체성의 혼란을 겪고 있다. 과학만능주의 시대인 모더니즘을 지나서 각 개인이 정답을 갖고 있다는 포스트모더니즘 시대의 사람들은 다양성을 유지하면서 개인주의적이다. 그럼에도 불구하고 여전히 옛 방식에 사로잡혀 있는 스포츠 현장은 이들에게 낯설게 느껴질 뿐아니라 견디기 힘든 문화로 존재하고 있다. 아직도 군기를 잡거나 구타를 하고 통제하는 옛 스포츠 문화에서 더 나아가지 못하고 있는 것이다. 다양한 영역의 지도자들과 체육인들은 구태의연하게도 옛날의 부정적인 방식을 무늬만 다를 뿐 궁극적으로는 변하지 않은 방식으로 대체하고 있을 뿐이다. 이 같은 문화는 수많은 스포츠 유망주들을 이탈하게 하거나 좌절하게 하는 원인이 되고 있다.

최근 이런 문제점들과 관점의 차이를 알지도 이해하지도 못한채 극단적인 선택을 하는 운동선수들이 있다. 운동선수들은 효과적인 소통을 하지 못하고 있으며, 대인관계에서도 많은 어려움이 있다고 호소하고 있다. 팀 내에서의 갈등을 스스로 해결하지 못하고 극단적인 방식으로 감정을 표출하는 경우도 있다. 팀 안에서의 공동정체성이 붕괴되고 있으며, 여전히 성적 위주 능력 중심주의가 주를 이루고 있다. 이 시대의 많은 운동선수들은 건강하지 않은 심리적 상태를 알려주는 경고등이 울려도 그 위험성을 자각하지 못한 채 자신의 삶을 위태롭게 내몰고 있다.

다원주의 사회

우리가 사는 사회는 다원주의 사회이다. 다원주의 사회를 이해하기 위해서는 이전 시대의 특징들을 알아야 한다. 박영선은 그의 저서 『우리와 우리 자손들』에서 시대적 특성을 이렇게 정리했다.

'전근대시대는 신을 믿는 권위의 시대 즉, 서양의 중세시대를 나타내며, 근대는 이성의 시대로서 과학만능주의 시대를 뜻하며, 지금 시대는 포스트모더니즘 시대이자 다원주의 시대이다.'

과거의 시대는 절대좌표 즉, 0점이 있는 시대였다. 내가 우로 가든 좌로 가든 기준이 있었으며, 그 기준이 신이 되기도 하고 과학이 되기도 하여 개인의 위치를 마음대로 고정하게 했다. 다원주의 사회에서는 '당신은 당신 식으로, 나는 내 식으로'라는 관점이 보편화되어 타인의 종교, 가치, 문화에 대해 관심을 갖지 않게 되었다. 즉 누군가의 인생의 비전과 소명에 대한 궁금증이 사라진 시대가 된 것이다. 즉 오직 성공을 필두로 사람을 판단하고 점수와 순위를 매기는 시대로서, 그 누구도 타인에 대해 궁금해 하지 않게 된 외롭고 고독한 자기중심적인 시대가 된 것이다.

과거 초월의 시대에는 각자 자신이 믿는 신에 의지하면서 사후의 세계관이 있었지만, 모든 것은 과학으로 증명된다고 주장하는 과학만능시대가 도래하면서 자연스럽게 예전에 갖고 있던 신에 대한 믿음이 약화되었다. 유전, 복제, 치료, 신약 등의 연구와 다양한 과학적 연구로 인간 생명의 답을 찾기 위해 많은 노력을 했던 모더니즘 시대는 오랜 기간 우리의 역사에 영향력을 미치면서 과학화와 함께 경제적 성장을 이루어 냈다. 하지만 시간이 지나면서 모더니즘 역시 인류역사에서 희미해지고 만다. 과학에 의한 결실은 많았지만, 인류가 과학의 한계에 대하여 좌절과 실망감을 경험하면서 막을 내리게 된 것이다. 과학으로 답을 찾지 못하게 되자, 인류는 정체성 혼란을 겪으면서 방황하게 되었는데 바로 지금 이 시대가 그러하다. 절대 좌표를 잃고 방황하는 다원주의적이며, 방향성과 목적성을 잃은 채 자신의 모습을 치장하고 스스로가 만든 목적과 가치에 따라 살고 있는 희한한 이 시대 말이다. 많은 매스미디어에서 자신을 아바타로 만들어 내고 SNS 안에서 자기 정체성을 만들어 활동하는 모습들은 이런 정체성의 혼란의 시대임을 보여주는 좋은 예이다.

이런 구별 지점이 필요한 것은 현재 우리가 살고 있는 문화를 더 이해하기 위해서이다. 삶의 기준점이 모호하면 삶의 자리에서 방향성을 잃어버리게 된다. 과거에는 다양한 방식의 방향성이 존재하였지만, 지금의 시대에서는 그마저도 상실했다. 기준점이 모호하니 정체성도 잃어버리게 된 것이다.

공중에 떠다니는 수많은 기준들을 보고 좌표를 삼으려고 하지만, 무엇을 기준으로 삼아야 할지 모르는 이 시대의 운동선수들도 여느 청소년, 청년들처럼 극심한 혼란을 겪고 있다.

이 시대의 올림픽에 대한 반응은 과거와는 현저하게 다르다. 오직 금메달만을 요구했던 과거와 달리 지금 시대는 등수 이외의 이슈에 더 큰 관심을 갖는다. 과거 스포츠계에서 은근히 용인되었던 폭력이나 성폭력 등의 문제가 지금은 가차 없이 수면 위로 떠올라 사회적으로 큰 이슈가 되는 이유를 깊이 이해하여야 한다.

이를 위해서는 큰 틀에서의 사상이 무엇인지 알아야 하고, 세계관과 문화에 대한 이해를 갖고 있어야 한다. 현대사회가 추구하고 있는 사상과 문화를 이해해야만 자신의 위치를 명확하게 알 수 있으며 문화를 보는 스펙트럼을 넓힐 수 있다. 계속해서 나무만 보고 나아갈 방향을 찾는 것으로 만족해서는 안 된다. 나무도 봐야 하지만 숲도 보아야 한다. 좁은 관점과 넓은 관점을 병행해야만 앞으로 올바른 방향으로 나아갈 수 있으며 지혜로운 통찰력을 갖출 수 있다.

이런 정체성의 혼란 시대에서 지금 시대의 운동선수들도 이런 가치관과 사상에 물들어 있으며, 시대는 변했지만 여전히 변하지 않는 전통적인 스포츠 문화는 운동선수들에게 많은 괴리감을 조성하게 하고 있다. 또한 이런 지점에서 오는 다양한 심리적 증상들과 어려움이 선수들을 병들게 하고 있다. 우울, 불안, 분노, 불면

등의 정서 등은 선수촌에서 생활하는 많은 운동선수들이 갖고 있는 증상들이며, 완벽해야만 한다는 문화적 압력은 운동선수들에게 적절한 행복의 답을 제공해 주지 못하고 있는 실정이다. 이런 어려움에 대한 방법론으로 여러 가지 치료법이나 심리학적 처치들이 시행되고 있지만, 보다 적극적이고 넓은 관점에서 삶을 조망하지 못한다면 지금 음지에서 울부짖고 있는 운동선수들의 호소와 신음에 적절히 답을 하지 못하게 될 것이다.

도시화와 메가 스포츠 그리고 세속화

현대 시대에 비즈니스를 중심으로 도시로 모여드는 현상은 매우 보편적이다. 산업혁명 이후 급속한 도시화와 더불어 노동력을 필요로 하는 사람들이 도시로 모여들게 되었다. 경제 발전과 더불어 문화와 여가 산업도 발전하였는데 특히 스포츠 산업과 관람 문화 시장이 빠르게 확대되었다. 스포츠가 매우 빠르게 상업화되면서 여러 개의 실업팀과 프로팀이 생겨나기 시작했고, 돈과 성공이 보장되는 이 영역으로 진출하기 위해 많은 초, 중, 고등학교에 운동부가 생겨나기 시작했다.

이 현상으로 생겨난 팀들이 지향하는 첫 번째 목표는 실업팀, 프로팀으로의 진출이다. 비인기 종목의 경우 여전히 올림픽 등의 대회 출전으로 인한 명성과 명예, 경제적 이익 등을 얻기 위한 것을 중요한 목표로 하지만, 스포츠에서의 성공은 크게는 프로 진출과 올림픽 메달 수상으로 갈리게 된다. 수도권에는 현재 많은 운동부 팀과 클럽팀들이 있다. 특히 야구 같은 인기 스포츠의 '맘카페'에는 수만 명의 학부모들과 학생, 지도자들이 가입하여 활동할 만큼 활성화되어 있다. 초등학교 때부터 시작하도록 구성된 스포츠클럽 문화 역시 매우 빠른 속도로 성장하고 있고, 수많은 클럽에서 운동선수를 꿈꾸는 아이들과 부모들이 같은 목표를 향해 질주하고 있다. 최근에는 성공이 보장되지 않는 비인기 종목에 대한 수요는 줄고 있고 대학 운동부가 해체되는 경우도 있지만, 일부 고급 종목이라 불리는 운동들의 경우 기형적으로 스포츠클럽 시장이 활성화 되고 있는 것이 현실이다. 클럽 운동을 통해 해외 유학이나 생활 기록부 등의 기재를 위해 교육열을 쏟아 붓고 있는 것이다. 현장에서 상담을 하면서 요즘 선수들에게 운동을 하는 동기에 대해 물어보면 돈과 명예라는 답을 가장 많이 들을 수 있는데 이는 현대사회의 세속화가 스포츠 문화 깊숙이 침투해 있음을 확인시켜 주는 대목이다.

포스트모더니즘 사회에서 살아가는 우리들의 목적은 대부분 이익과 성공이다. 또한 성공이나 능력을 높은 가치로 매기는 문화로 인해 사람들 간에 보이지 않는 계층 문화를 만들게 되었다. 세속화가 도시화와 맞물려 세상과 문화 안으로 깊게 침투된 것이다.

이와 맞물려 스포츠계에서도 항상 1등 문화, 우승 문화, 성적 문화가 대세를 이루고 있다.

상하관계와 권위주의, 복종 중심의 문화들은 아직도 선수들의 숨통을 조이고 있으며, 최근 대두되고 있는 인권문제와 스포츠 선수들의 심리적, 정서적 문제로 파생되어 나타나는데 일조하고 있다. 최근 많은 운동선수들이 전통 문화에 대해 반발하고 있지만 해결법과 돌파구를 찾지는 못하고 있다. 그 이유는 이미 그들이 전통적인 문화를 뚫어낼 조망 능력과 넓은 관점들을 상실했기 때문이다.

또한 많은 선수들이 기존의 권위에 대해 반발하기 시작했는데, 그 이유는 권위의 순기능에 대해서 교육 받거나 경험해 볼 기회가 없었으며 인격적이고 훌륭한 리더십의 부재로 인해 좋은 대인관계의 기회를 박탈당했기 때문이다. 스포츠 문화에서 경험하게 된 권위주의적 방식을 당연시 여기도록 교육을 받고 있으며, 자연스럽게 몸에 익혀진 잘못된 권위 행사 방식이 다시 후대에도 전해지고 있다. 충격적인 사실은 여전히 음지에서 다양한 스포츠 악이 행해져서 많은 선수들이 희생당하고 있다는 사실이다. 이런 문화에 대한 인식과 변혁이 없다면 스포츠 문화 영역은 몸집만 거대할 뿐 변화에 속수무책인 괴물 문화가 되고 말 것이다.

정치, 경제, 사회, 교육, 문화 등은 인간의 사고에 지대한 영향을 미친다. 많은 선수들이 교육을 통해 이런 사고의 지평을 넓혀야 하지만, 현재 시스템에서 운동선수들이 기존의 문화를 뛰어넘는 교육적 학식을 갖추기는 여전히 어렵다. 수업권 확보 등을 통해 전통문화와는 변화된 방식으로 학생들에게 영향을 주고 있지만, 공교육 시스템에서 배우는 교육만으로는 가치관과 정체성을 찾아가기 어렵다.

요즘 사람들이 모여서 자주 하는 대화의 주제라고는 주식, 스포츠, 연예 관련 이야기뿐이다. 인간의 본질과 철학, 사상, 가치관, 한 사람의 인격에 대한 관심은 줄어들고, 오로지 성공, 재력, 사회적 신분에만 관심을 두게 된 것이다. 이런 어른들의 사상은 그대로 답습되어 자라나는 세대에 흘러들어가고 있으며, 공부를 피해 선택한 운동 분야에서 배움의 기회를 잃고 오직 최고 수행으로만 그 사람의 가치를 평가하고 있다. 자신의 진짜 정체성을 찾는 교육이 사라지고 있는 것이다.

이처럼 도시화로 인한 세속성의 가치는 인간의 가치와 존엄성 추구를 가로막고 방해하고 있는 것은 분명한 사실이다. 실제로 현장에서 학생 선수들을 만나보면 무기력과 공허감에 젖어 있는 경우들이 많다. 또 자기들이 마음먹은 대로 되지 않을 때 감정 조절을 못하며, 성적과 현실 앞에서 스스로 나아갈 바를 알지 못하고 있다. 성공을 위해 공부가 아닌 운동 영역으로 옮긴 이들에게 유일한 해결책으로 보였던 운동에서도 실패하여 두 번째 기회가 무너지는 순간, 뒤에서 언급할 수많은 병리적인 문제들과 정신적 질환이 나타나게 된다. 이런 문제들을 교육자나 지도자들이 심각하게 인식하지 못한다면 스포츠계가 전반적으로 심각한 위기에 처할 수 있다.

성공해야 한다는 압력과 실패하면 안 된다는 세속적 문화는 사람의 자아상을 과대하게 만들도록 유도한다. 인간 내면에 있는 진짜 자신의 모습은 버리고 가짜 자신의 모습만 강조하여 포장하고 부추겨 거대한 자기의 모습으로 만드는 사회가 된 것이다. 인간은 갖고 있는 유일한 가치가 무너질 때 자아가 붕괴된다. 그런 면에서 인간이 갖고 있는 사상과 가치관은 감정 이상으로 중요한 영역임이 틀림없다.

공격성과 집단문화

프로스포츠에 대한 관심과 관련 여가 생활은 많은 이들로 하여금 스포츠를 주목하게 하였고, 이런 문화 속에서 학생 스포츠 또한 빠르게 발전되어 왔다. 승패를 결정해야 하는 스포츠에서 경쟁심과 승부욕은 좋은 방향으로 유도되는 긍정적인 가치로 사용되기도 하지만, 부정적으로 사용하게 될 경우 많은 문제들을 야기시킬 수 있다.

공격성은 분노에 의해 촉발되는 성향이자 힘으로써 사람 또는 사물을 제압하기 위해 언어나 행동으로 표현되는 정서 상태를 의미하는데, 이 공격성을 다스리지 못하는 지도자나 선수들이 급속도로 증가하고 있다. 분노나 공격성을 제대로 다스리지 못하고 시도 때도 없이 폭발하거나 관계 안에서 자주 발현하면 그것으로 인해 대인 관계에서 피해를 입기도 하며 집단 자체도 붕괴된다.

체육중학교에서 근무하던 시절, 여학생들에게서 매년 목격되는 현상이 있었는데 바로 '끼리끼리 집단 문화'였다. 남학생들과 달리 신입 여학생들은 빠르게 삼삼오오 그룹을 만들어 무리를 나누는 패턴이 인상적이었다. 한 해만 그런 것이 아니라 매년 그런 일이 일어나는 것을 보고, 체육계에서 흔히 발생할 수 있는 중요한 대인관계 문화라는 점을 포착했다. 가족을 떠나 합숙활동을 하는 여학생들에게 집단을 만드는 것이 안정감을 주는 매우 중요한 요인인 것은 공감되었지만, 문제는 이런 집단들 간의 충돌이었다. 처음에는 각 집단끼리 무리 없이 잘 어울리는 듯 보였지만 집단 구성원 간 충돌이 일어날 경우 공격성이 운동부 전체로 퍼지는 양상을 보였다. 결국 개인 간의 갈등이 전체로 퍼져 심각한 문제를 일으키게 된 것이었다. 또한, 상담사로서 심각하게 생각했던 것은, 집단에서 한번 도태된 구성원은 타 집단에 끼는 것을 어려워했으며 기존 집단에서도 배척당하여 홀로 떨어져 긴 시간을 힘들게 보내야만 한다는 점이었다. 고립되어 전학을 가는 경우도 자주 나타났다. 이런 문제점들은 개인의 부정적 심리 증상이 생기는데 큰 영향을 주는 심각한 사건들이다. 또한 위에서 언급했듯이 운동선수들의 공격적 집단 문화는 꽤 오랜 시간 고착된 전통적인 문화로서 학교 전체 분위기에 좋지 않은 영향을 주고 있기도 하다.

모든 영역에서 문화적 요소에 특징이 있지만, 체육 문화는 대체로 보수적이고 폐쇄적이다. 자기 종목에 대한 애착과 소속감이 필수적이며, 지도자와 선수 간 상하관계는 물론 선후배 관계에서의 권위적인 관계는 여전히 잔존한다. 가정교육도 학교 교육에 영향을 준다. 예를 들어 가정에서 폭력을 경험하고 억압된 환경에서 자란 학생들의 경우, 폭력성에 대해 쉽게 적응하지만 역설적으로 올바른 권위에 대해서는 심한 반발감을 느끼게 된다. 반대로 지나치게 자유와 방치를 경험한 학생들의 경우, 학교 안에서의 책임과 규율을 이해하는데 어려움을 겪고 있다. 이런 불균형들은 다양한 문제들을 초래하고 있다.

그렇다면 이런 문제점들을 어떤 방식으로 해결해 나갈 수 있을까? 이를 위해서 먼저 문화 영역에 대한 이해와 교육, 철학, 개인의 심리적인 관점 모두에 대해 종합적으로 살펴보아야 할 필요가 있다. 이 책에서는 전반적인 모든 것을 다룰 수는 없지만, 몇 가지 중요한 사항에 대해 살펴보고자 한다.

첫째, 팀 켈러가 이야기했듯이 어떤 문화 안에서 잘 살아가려면 그 문화에 대한 이해와 자기가 속한 문화에 대한 자각과 통찰력이 필요하다. 다른 문화 영역에 있는 사람들도 마찬가지겠지만, 특히 체육계의 학생들은 어린 시절부터 운동을 시작하면서 체육계 문화 안에 바로 깊이 스며들게 된다. 마치 어린 물고기들이 어항에서 자라듯, 학생들이 체육이라는 울타리에서만 그 문화를 자기의 문화로 습득하게 되는 것이다. 이런 경험적 제약들은 문화에 대한 폭넓은 관점을 만들어 내지 못하고 세계관을 축소시킨다. 물론 다른 문화를 이해하는 것으로 자기가 속한 문화 안에서의 선과 악을 분별해 낼 수 없지만, 그래도 분별력을 기르려면 타 문화권에 대한 인식과 경험들은 개인의 성장을 위해 반드시 필요하다. 스포츠사회학에서 언급하듯 많은 체육인들이 탈사회화를 하고 재사회화를 하지 못하는 이유는, 익숙해져 버린 문화에 대해 억압과 충돌을 느끼지만 그 문제를 적절하게 표현하지 못하는 것에 있다. 그렇게 자란 청소년들이 성인이 되어 세상의 다양한 문화를 빠르게 흡수하게 되면, 스포츠 문화에 대한 부정적인 관점만 짙어질 수 있다. 또 이런 편협적인 사고는 단순히 자신이 속해 있던 문화를 비난하는 것으로 나타나게 될 수 있다. 이런 과정에서 체육 문화의 문제점을 느끼게 된 선수들은 자신이 속한 문화에서 쉽게 이탈하거나 완전히 다른 영역으로 넘어가려고 한다. 반대로, 어린 시절부터 성인이 되기까지 자기가 살아왔던 체육 문화에 완벽히 길들여지게 되는 경우에는 문화를 재창조하는 창조자로서 살아가기보다 좋지 않은 문화를 전승하며 살아가는 타협자로 살아가게 될 가능성이 크다.

둘째, 교육에 대한 폭넓은 스펙트럼이 필요하다. 모두 언급할 수 없지만 이런 반복적인 문제들은 교육적 관점의 부재에서 일어난다. 교육이란 교과목의 지식만을 가르치는 것을 넘어 세상을 보는 눈을 길러주는 교육이 되어야 한다. 더불어 다양한 문화에 접근하여 자신의 문화와 비교하면서 시야를 넓히는 방법이 수반되어야 한다. 이런 관찰력들은 추후 문화 안에서 문화를 바꾸어 나가고 개선해 나가는 리더로서의 역할을 수행하는데 중요한 배움이 될 것이다. 문화 변혁자로 살아가기 위해 할 일들은 이후로도 많지만, 이런 단계적인 과정 안에서의 고민과 성찰이 자신의 확고한 철학을 세우고 문화를 분석하고 평가해 나가는데 큰 도움이 된다. 이를 위해서는 다양한 문화적 경험은 물론 지식 확장을 뛰어넘는 세계관과 정체성 교육이 필요하다.

　마지막으로는 공격성이나 억압된 정서에 대해 충분히 의사소통을 할 수 있는 의사소통 능력과 공감 능력이 필요하다. 자기표현을 못하는 문화에서의 억압된 공격성이나 부정적인 정서는 결국 자기 안에 쌓여 다른 누군가를 비난하고 비판하는 무기가 된다. 스스로 해결하지 못하는 폭발적인 스트레스는 약자를 향하기 마련이며, 약자에게 쏟아진 상처들은 다시 후배나 다른 누군가에게 전달되는 악성 전파력이 되어 집단 안에서 활동하게 된다. 비난과 공격에 익숙해진 집단 안에 퍼진 악성바이러스를 효과적으로 제거하는 것은 자신에 대한 분명한 정체성 인식과 건강한 소통 방식이 될 수 있다. 이런 악순환은 내면 깊은 곳에 뿌리 깊은 수치심을 자극하여 전체에게 영향을 미치도록 만든다. 아직도 지도자와의 소통에서 깊고 질 좋은 소통을 하는 것이 어려운 것이 체육문화이다. 따라서 지도자 교육 과정에서 소통 방식에 대한 교육과 감정 및 정서에 대한 교육을 꾸준히 실시하여 학생들과 진짜 소통의 장을 마련하게 하는 것도 좋은 방법이다. 학생들과만 집단 상담하는 것이 아니라, 지도자를 포함한 집단상담을 구조화하여 적용해 보는 방법도 시도되어야 할 것이며, 지도자를 위한 포럼과 세미나가 더욱 활성화 되어야 할 것이다.

　가치와 인식 그리고 세계관 교육 등은 자신의 문화 안에서 문화 변혁자로 살아가기 위해 필수적으로 행해져야 하는 교육임에도 불구하고 등한시되고 있다. 최근에야 비로소 성적지상주의에서 탈피하려는 움직임을 보이고 있고 공공스포츠클럽의 확대로 생활체육의 영역이 확장되고 있지만, 핵심적인 교육의 부재는 단순한 환경의 변화에 만족하는 것으로 스포츠인들 스스로를 속일 수 있다. 결국 문화 인식에 대한 변화 없이 바뀐 환경만으로 죽은 스포츠 문화가 살아나기는 어려울 것으로 보인다. 상담을 통해 사람을 살리는 교육들이 활발하게 진행되고 있는 것이 긍정적으로 보이지만, 보다 큰 영역에서의 확장이 필요하다. 중요한 교육을 통해 인식과 가치관과 세계관을 넓혀주지 않는다면, 개인 심리상담과 교육은 개인주의와 이기주의를 더 강화시키는 쪽으로 향하게 될 위험성이 있다는 사실을 체육 관계자들은 분명히 인식할 필요성이 있다.

리더십의 부재

스포츠 현장에서 지도자의 역할은 매우 중요하다. 무엇을 가르쳐야 하는지도 중요하지만, 그들과 자연스럽게 동행해나가는 교육철학이 학생들의 삶에 큰 영향을 미치게 된다. 국가의 교육정책과 방침은 매년 바뀌지만, 지도자가 갖고 있는 인품과 교육철학은 지속적으로 유지된다.

옛날부터 스포츠 현장에서 지도자의 권위와 영향력은 막강했고, 지도자의 말이 곧 법일 만큼 규율과 위계 문화가 잡혀 있었다. 포스트모더니즘 사회에서 그 권위가 약해진 것처럼 보이지만, 전통적인 방식이 뿌리 깊은 스포츠 문화에서 지도자들의 영향력은 여전히 막강하다. 이들이 효과적인 리더십에 대해 학습하고 학생들에게 가르치길 원한다면, 운동 지도와 더불어 인식 교육과 상담 등이 필요하다. 훌륭한 리더십을 갖추기 위해서는 학생들과 마찬가지로 문화와 사회, 교육적 관점에서의 폭넓은 교육을 받는 것이 필요하며, 실제 현장에서 녹여낼 수 있도록 지도자도 또한 건강한 정체성을 갖도록 해야 한다. 이런 교육들은 일회성이 되어서는 안 되며, 전문가에게 지속적으로 받아야 한다. 진정으로 아이들을 위하고 사랑할 수 있는 지도자는 단 한순간에 만들어질 수 있는 것이 아니라, 분명히 꾸준한 교육과 시간이 필요하다.

탁월한 리더십은 아이들에게 꿈과 비전을 심어주고 그 길을 걸어갈 수 있는 역량과 인성을 길러내는 역할을 한다. 큰 틀의 목표와 건강한 동기를 가질 수 있도록 아이들을 독려하고 학생들로 하여금 건강한 자아상과 정체성을 갖도록 스포츠라는 도구를 통해 올바르게 교육하는 것이다.

운동 현장에서 기술적으로 뛰어난 선수들을 만드는 일에는 능숙하지만 심리적으로 건강하고 멋진 세계관을 갖고 있는 운동선수들을 요즘 시대에는 찾기가 힘들다. 다양한 이유가 있겠지만 점진적으로 약화되는 리더십의 부재에도 큰 책임이 있음을 지도자들은 인식해야 한다. 최근 지도자와 코치간의 벽이 허물어지고 존경심이 허물어지는 것을 보면 이들에게 위기가 도래했음을 알 수 있다.

현대시대에는 다양한 교육 방법론이 있다. 효과적인 방법을 그대로 적용하는 것만으로는 뛰어난 리더가 될 수 없다. 시대적 사조와 패러다임을 연구하고, 철학적, 사회학적 이해, 문화적 요소들을 철저하게 이해하고 적용할 때 인간의 심리에 대한 교육과 선한 영향력을 행사하게 될 수 있다. 객관적인 교육 방식, 즉 절대적 진리를 학생들에게 강압적으로 주입하는 옛날 방식의 교육 시대는 이미 지나갔으며, 지도자들의 자율과 재량이 확대된 새로운 패러다임의 구성주의 교육관으로 변화된 현실에서 지도자는 훨씬 큰 책임감으로 자기 자신과 선수들에게 필요한 정체성과 역할을 찾아야 한다.

과거의 객관적 교육시대에서는 교사들이 교과서에 없는 것을 가르치면 안 되었듯이 스포츠 현장에서도 틀에 박히고 반복적인 교육 방식이 주를 이루었다. 이젠 시대가 달라졌다. 그럼에도 체육교육 현장에서는 시대적 변화를 인지하지 못하고 여전히 같은 방식의 방법론과 사상 체계에 갇혀 학생들이 새로운 관점을 가질 수 없는 교육과 지도를 행사하는 지도자들을 어렵지 않게 찾을 수 있다.

실제로 상담에서 학생들은 지도자의 문제로 큰 신음을 하고 있는 모습을 볼 수 있다. 지도자와의 관계, 의사소통 문제, 진로문제 등과 같은 다양한 갈등과 문제로 많은 선수들이 병들어 가고 있으며, 그들이 건강한 자아상을 찾는데 많은 어려움을 겪고 있다. 소수이기는 하지만 좋은 지도자가 있는 학교의 라커룸 분위기는 굉장히 밝으며, 그런 지도자와 함께 하고 있는 아이들로부터 자유로움과 책임감을 엿볼 수 있다. 이처럼 교육 현장에서 책임감을 배우는 것이 매우 중요하며, 공동 정체성을 함양하는 도전을 계속해야 한다. 이렇게 될 때 교육을 받는 운동선수들은 창의력이 충만하고, 실패를 두려워하지 않으며 지속적으로 모험심을 유지하게 될 것이다. 또한 미래에 대해 긍정적으로 살아갈 수 있다.

시대의 흐름에 맞도록 교사의 자율과 책임을 부여하고, 열린 교육 속에서 지도자들이 노력하고 교육에 적극적으로 관심을 갖는다면 이전보다 훨씬 큰 역할들을 수행할 수 있는 한편, 잃어버린 권위도 되찾을 수 있게 될 것이다. 지도자의 찌그러지고 망가진 자아상으로 인해 아이들을 지속적이고 반복적으로 통제하고 관리, 점검하는 일들이 반복될 때 변화는 일어나지 않는다. 반대로 과거의 문화를 벗어날 수 있다면 이전보다 아이들은 훨씬 더 큰 자유와 책임에 대해 배울 수 있을 것이다. 변화된 지도자는 학교, 실업, 프로, 국가대표 선수들에게 중추적인 역할을 할 것이다.

지도자가 겪고 있는 어려움

2013~2015년 체육중고등학교에서 전문상담사로 일하며 전교생을 대상으로 심리검사와 상담을 진행한 적이 있었다. 그 결과 상상도 못할 정도로 많은 아이들이 가정불화를 겪고 있으며, 부정적인 관계 속에서 좋지 않은 영향들을 받고 있음을 확인할 수 있었다. 이는 청소년 시기의 중요한 자아상 문제로 연결이 되었는데, 이와 관련하여 많은 아이들이 분노 조절, 불안 조절, 수치심을 처리하지 못하는 문제로 직결되고 있다. 가정의 붕괴는 아이들의 정체성에 혼란을 주고 진로 결정에 부정적인 영향을 주기도 하는데, 이들에 대한 교육을 맡고 있는 교사와 지도자들은 요즘 세대의 가치관과 정서를 이해하고 해결해 주는데 많은 어려움을 겪고 있다. 가장 많은 시간을 함께 보내고 있는 교사들이 아이들과 소통하기 어렵게 된 것에 대해 안타까움을 금할 수 없다. 또한 정해져 있는 대회에서 단기적 성과를 내야 하는 시스템 속에서 지도자들은 압박감과 부담감을 호소하고 있다. 성적을 내지 못하면 일자리를 잃어버리는 현실 앞에서 점차 첫 소명과 사명을 잃는 수많은 젊은 지도자들도 있다. 이런 지도자가 겪는 어려움에 대한 대처와 방편도 필요하다.

스포츠 리더십의 적용과 나아갈 방향

교육은 단순히 도덕적 가치와 윤리 교육을 하는 것으로 그쳐서는 안 된다. 앞서 이야기했듯이 교육과 상담을 통해 올바른 동기부여를 주는 교육을 제공해야만 하며, 이 부분이 가장 핵심적인 부분이다.

동기부여는 가치관, 세계관, 정체성과 맞물려 있으며, 다양한 감정들과 연결되어 있는 매우 중대한 영역이다. 상담 현장에 있다 보면 오직 물질이나 성공, 명예, 보상 등의 동기를 갖고 세상을 살아가는 친구들을 의외로 많이 볼 수 있다. 이들의 동기가 도덕적, 윤리적으로 잘못된 것은 아니지만, 그 것만이 유일한 동기가 되었을 때, 내면의 성장을 방해하는 큰 적이 될 수 있으며 혹여 실패를 하거나 설계한 길이 붕괴되었을 때 자아가 무너지는 큰 타격을 입는 것을 상담과정에서 경험할 수 있다. 또한 많은 교육자들이 사고적 폐쇄성에 갇혀 자신이 경험한 것과 배운 것만을 옳다고 생각하여 아이들에게 주입하는 경우가 있는데, 이런 폐쇄적 사고에서 나온 교육들은 아이들에게 편협한 사고를 하도록 이끈다. 지도자에게는 사고의 개방성과 유연성, 지혜를 쫓을 수 있는 분별력과 민감성이 반드시 필요하다. 뛰어난 리더십은 단지 지식과 경험으로만 얻을 수 있는 것이 아니다. 겸손한 마음과 인내심, 타인을 헤아리고 남의 말을 경청할 수 있는 마음, 시대에 대한 올바른 이해와 사고의 분별력에서 나온다. 결국 지도자가 문화를 변화시킬 수 있는 사람으로 성장해야만 학생들에게 좋은 영향력을 흘려보낼 수 있는 것이다.

프로야구팀 선수 대상 스포츠멘탈코칭

PART 2

현대 스포츠 문화
안에서의 운동선수들

스포츠선수 상담사례

SPORTS MENTAL COACHING BIBLE

하이퍼텐션 야구선수

야구선수 C군은 기복이 심한 편이다. 잘 될 때는 에이스급의 활약을 하지만 그렇지 않을 때는 평균치보다 낮은 기량의 선수로 전락하곤 한다. 이런 극심한 경기력 기복으로 인해 지도자의 전적인 신뢰를 받지 못하고 있었으며 늘 스트레스에 시달렸다.

선수의 심리적 양상을 살펴보니 좋은 수행일 때의 감정과 그렇지 못할 때 감정이 다르다는 것을 확인할 수 있었다. 기분이 좋게 느껴지는 '고양된 정서'일 때는 좋은 수행을 하지만, 기분이 우울하거나 다운되는 정서를 느낄 때는 수행에도 변화가 생기고 있었다. 문제는 좋은 느낌을 느끼는 날보다 반대의 느낌을 느끼는 날이 많다는 사실이었다. 너무 오래된 자기감정에 대한 해석과 판단 도식은 선수에게 '이런 느낌일 때는 이렇게 될 거야'라는 믿음을 만들어 냈다.

자신감 증가, 과대감정은 선수들에게 자신의 에너지가 끓어 넘친다는 느낌을 준다. 많은 운동선수들이 이런 느낌을 최상의 느낌이라고 착각한다. 이런 고양된 정서는 최고 수행을 지향하는 선수들이 자주 보이는 정서 중 하나이다. 고양된 정서는 구름 위를 둥둥 떠다니는 기분을 느끼게 하고 자신이 최고라는 확신을 주는 감정이다. 그래서 이 텐션과 기분을 맛본 선수들은 어떻게든 다시 이런 상태로 돌아가려고 수단과 방법을 가리지 않는다. 자신이 충분히 달궈졌을 때 '하이 퍼포먼스'가 나온다고 믿게 되는 것이다.

'무대가 끝나고 난 뒤'라는 80년대 유행가가 있다. 가수나 공연자가 콘서트를 끝내고 난 뒤에 느끼는 공허감에 대해 쓴 노래이다. 고양된 정서로 퍼포먼스를 끝낸 후 필연적으로 다가오는 우울이나 쓸쓸함, 공허감을 반복적으로 경험했던 것을 떠올리며 흥분된 상태에 있는 감정이 진짜 자신감이었나를 되물어 봐야 한다. 이렇게 많은 운동 선수들이 감정 지향적인 상태에 빠져 있지만, 대부분의 경우 스스로 자각하지 못하고 있다.

그렇다면 어떤 방법으로 기분 조절을 해야 하는 걸까? 간단히 살펴보면, 각 선수마다 일상생활이나 경기력 안에서 자신이 주로 경험하는 자기 정서에 대해 스스로 인식할 필요가 있다. 좋은 경기력을 보였을 때 경험했던 정서와 뜻대로 되지 않았을 때 정서를 훈련 일지 가운데 상세하게 기록해 두고 자주 찾아보는 것이 좋은 방법이다. 또한, 두 가지 감정 가운데 더욱 많이 경험하는 감정 상태를 스스로 확인하고 관찰하는 것이 중요하다. 그 다음에 상담사와 함께 자신이 자주 느끼지만 다루기 어려운 세밀한 욕구 영역을 찾아내고, 그 감정이 느껴질 때 어떻게 해석하고 받아들여야 할지에 대한 지도를 펼쳐보고 좌표를 수정해야 한다. 이런 욕구에 대한 지도는 각 상담심리학자의 철학과 관점에 따라 차이가 존재한다. 어떤 안경으로 지도를 바라보는지가 중요한 이유이다. 많은 심리학자들이 연구에서 밝혔던 것처럼, 감정은 해석하는 대로 자각되고 활성화되는 카멜레온적 요소가 있기 때문이다. 상담은 과정도 중요하지만 방법론도 중요하다.

C선수의 경우 우선적으로 자신이 얼마나 감정지향적인지를 인정하게 하는 것이 필요했다. 상담 장면에서 자주 영향을 받는 감정이 무엇인지 우선적으로 찾아낸 것이다.

표면적인 감정은 상담 장면에서 쉽게 찾을 수 있지만, 수치심, 죄책감, 열등감, 자존감 등의 깊은 내면의 감정과 원인은 쉽사리 찾아내기가 어려우며 찾는다고 하더라도 다루기 쉽지 않다. 이 선수의 경우는 그 날 그 날 자존감이 느껴지는 정도에 따라 다른 감정의 기복도 컸다. 자존감이 높게 느껴지는 날에는 상당히 들뜬 상태로 운동 수행을 했고, 자존감이 낮아졌다고 느끼는 날에는 위축되고 소심한 상태로 수행을 한 것이다. 이런 차이들의 폭이 눈에 띄게 드러나게 되고 경기력에도 영향을 미치기 시작했다.

최근 자아를 강조한 상담심리학 이론들에서는 자아의 개념에 전적으로 몰두하는 모습을 볼 수 있다. 자기실현과 자아완성이라는 단어들은 이 시대에 나타난 자아에 대한 해석이 얼마나 균형 잡히지 못했는지에 대해 드러낸다. 스스로 자신을 완성할 수 있다는 자아 개념은 미국 사회를 넘어 대한민국 사회에도 넓게 퍼져나가고 있다.

현대사회는 성적이나 성과를 기준으로 자존감을 언급하는 일은 쉽게 찾아 볼 수 있는 현상이다. 또한 많은 상담심리학 이론들이 인간의 내면적 삶에 집중하게 만들어 무의식이라는 심리적 경험을 숭배하게 만든다고 위대한 심리학자인 폴 비츠는 그의 책에서 강조한다. 그가 말하길 "자존감의 이론은 자신에 대해 좋은 감정을 느끼는 사람만이 실제로 모든 것을 잘할 수 있다고 주장하지만 자신에 대해 좋은 감정을 느끼는 것은 단순히 그 사람을 지나친 자부심이나 자아도취에 빠지도록 하고, 그래서 열심히 공부하지 못하도록 할 수도 있다"라고 언급했다.

- 『신이 된 심리학』 48page, 새물결플러스출판

이처럼 느낌 지향적으로 자존감을 추구하게 되면 오히려 자기 정체성에 대한 혼란을 겪을 수 있다. 사실 자존감도 사랑처럼 누군가에게 나누며 선을 베풀며 대가 없이 줄 때 따라오는 감정이다.

상담을 종결할 시기가 되어 대회가 열렸다. 상담을 통해 교묘하게 다른 환경에 영향을 받고 있는 자존감에 대해 충분히 다루고 교육했다. 더불어 그런 상태에 있을 때를 자각하게 하고 감정에 휘말리지 않는 것을 연습하도록 유도했다. 감정 지향적인 상태에서 빠져나오자 C선수는 상당히 안정적인 감정 상태를 찾을 수 있었고 경기 중에도 흔들리지 않는 심리상태를 장착할 수 있었다. 예전에 들떴을 때처럼 강렬한 느낌을 경험하진 못했다. 내면에서는 평온할 때도 있었고, 감정이 찌글찌글 불편할 때도 있었지만 이런 상태에 따라 자신을 평가하지 않게 된 것이다.

그 결과, 느낌에 따라 자신의 정체성이 왔다 갔다 하지 않게 되었다. 대신 감정 아래에 있는 동기와 욕구에 대해 명확하게 살펴보았고 지나친 욕구는 어느 정도 조절할 수 있게 되었다. 현장에 있으면서 항상 경험하는 것은 뛰어난 수행보다 중요한 것은 자신이 누구인지 아는 것이고 정체성을 찾아가는 것이다. 이것이 선행될 때 퍼포먼스도 같이 향상되는 것을 자주 목격한다. 특히 자신의 감정 너머의 욕구에 대해 올바른 안경으로 보기 시작할 때, 스포츠 문화에서의 악영향과 악순환을 뛰어넘을 수 있다.

감정을 분별하라

조나단 에드워즈에 따르면, 감정이란 영혼의 성향(inclination)과 의지(will)의 매우 생생하고 강렬한 행동이라고 한다. 사람은 감정 없이 움직일 수 없는 존재이다. 우리가 무언가 바라보거나 생각할 때 스스로 좋다고 생각하거나 나쁘다고 생각하는 것에 차이가 존재한다. 즐겁고 행복한 것을 볼 때 우리의 정서는 생동감으로 기울어지고, 불쾌한 것을 대할 때는 분노와 적개심 같은 감정들이 생긴다. 또한 무언가 강렬히 원할 때 기우는 경향은 욕망이라고 볼 수 있다. 이처럼 무언가를 수용하고 받아들이는 것에 따라 감정의 추가 기운다.

무엇 때문에 감정적인 변화가 있고 현재 어떤 감정 상태에 있는지 잘 관찰하는 것은 정서 조절에 도움이 된다. 기억할 것은, 강하고 활발한 감정이라고 하더라도 그 감정이 꼭 좋은 감정이라고만 볼 수 없고, 반대로 느끼기 싫은 부정적 감정이라고 해도 안 좋은 감정이라고 볼 수만은 없다는 것이다. 좋고 나쁨의 이분법이 감정 평가로 연결될 때 오히려 더 어려움을 겪을 수 있다.

이천선수촌 장애인 국가대표 스포츠멘탈코칭

합숙 생활을 두려워하는
태권도 선수

햇살 가득한 어느 날, 동탄 SRT 기차역에서 부산역행 티켓을 샀다. 보통 많은 상담사들이 자신의 상담실에서 상담을 하지만, 나는 전국 곳곳을 누비며 형편이 어려운 학생들을 찾아가는 상담을 진행하기도 한다. 처음 가보는 도시와 가는 도중에 만나는 아름다운 풍경들은 언제나 모험심을 자극한다. 자극된 모험심은 설렘을 파생시키고, 나를 기다리고 있을 학생을 생각하며 무엇을 해야 할지 기쁜 마음으로 준비하는 시간을 갖는 것은 행복한 일이다. 최근엔 시골에 있는 학교에 가는 일들이 많은데, 학교에 들어서서 받는 그 느낌들이 좋아 잠시 서서 그 기분을 만끽하곤 한다.

운동선수가 시합 현장에서 많이 겪는 문제이기도 하지만, 일상에서 자주 접할 수 있는 불안 문제는 인간이 겪을 수 있는 아주 흔한 경험이며 강렬한 감정이다. 운동심리나 스포츠 심리 영역에서도 불안이라는 쟁점은 늘 첫 번째 화두이며, 그로 인한 다양한 이론들이 쏟아져 나오고 있다. 인간의 불안이 경기력에 어떤 영향을 미치는지 설명해 주는 심리학적 이론들이다. 불안을 고통으로 보는 관점도 있다. 많은 사람들이 자신이 경험하는 주관적인 고통과 고난에 대해 해석하는 것을 어려워하거나 자의적으로 해석해 버리는 경우가 있다. 고통에 대한 잘못된 해석은 자신이 속한 영역에서 벗어나거나 회피하는 등의 잘못된 결과로 나타날 수 있는 중요한 가치관의 문제이다. 그렇기 때문에 교육이나 상담 현장에서 선수들이 느끼는 내면의 고통의 문제에 대해 적합한 해석과 교육이 꼭 필요하다.

태권도 선수인 C선수는 극심한 불안과 공포로 운동을 그만두려고 한다. 지도자의 말에 따르면, 운동 재능은 매우 뛰어나지만 단체 생활에 적응을 못하며 체중 관리에도 어려움을 겪고 있다고 했다. 초기 상담을 진행하며 가장 많은 불안을 느끼는 때가 언제인지 질문을 했더니, 학교 기숙사에 혼자 남겨져 있을 때라고 답했다.

지금은 많이 줄어들었지만 전통적으로 엘리트 체육을 하는 선수들은 대부분 합숙생활을 했으며, 지금도 여전히 많은 학교에 합숙 문화가 남아있다. C선수가 다니는 체육중고등학교에서도 기숙생활을 하는 학생들이 대부분이었다. 합숙 문화에는 장단점이 있다. 그중에서도 어린 시절 부모와의 분리는 극심한 스트레스를 초래하므로 학생들에 대해 세심한 돌봄이 필요하다. 상담 중에 선수가 겪는 정서적 근원을 파악하다가 C선수가 평상시 집에서 등하교 할 때는 드러나지 않았던 공포의 감정이 합숙생활을 시작하고 방을 혼자 쓰면서 나타나게 되었다는 것을 알았다. 그래서 어떤 환경에서 문제가 나타나는지 평가하는 것을 시작으로 선수가 경험하고 있는 감정 영역에서의 고난을 다룬 후, 마지막 과정인 욕구로 다가가는 것을 상담 목표로 정했다.

어렸을 때부터 어려운 형편에서 식당을 운영하시는 부모님은 늘 바쁘셨다. 이런 환경에서 C선수가 혼자 있는 시간들이 많았다. 그러던 어느 날 동생을 돌보며 집에 있었는데, 퇴근 시간이 다 되어도 부모님이 집에 돌아오지 않았다. 처음엔 그러려니 하고 저녁을 챙겨먹은 후 TV를 보며 기다렸다. 하지만 한참이 지나도 부모님이 오시지 않자 어린 C선수는 덜컥 겁이 나기 시작했다. 시간이 흐르면서 조금씩 느껴지던 두려움이 공포심으로 변하자 7살 어린 아이는 하염없이 울기 시작했다. 이렇게 한번 찾아온 강한 감정들은 쉽게 사라지지 않았고, 한참을 울다가 허기와 공포 속에서 잠들어 버렸다. 다음날 아침에도 여전히 부모님이 집에 돌아오지 않았다. 죽을 것 같은 공포심을 느꼈지만 새벽부터 일어나서 울고 있는 동생을 보며 억지로 꾹 참았다. 점심 때가 지날 때까지 아무것도 먹지 못한 C선수는 허기에 지쳐 급하게 라면을 끓이다가 화상을 입고 말았다. 그때의 기억은 지금의 C선수에게 여전히 생생한 장면으로 남아있었다. 다행히도 거의 녹초가 되었을 때 부모님이 돌아오셨지만 '부모님이 날 버렸구나'라는 생각이 이때 깊숙이 자리 잡았으며, 왜 돌아오지 않았었는지에 대해 묻지 못했다.

"요즘 기숙사에 있을 때 공포심이 몰려오면 어쩔 줄 모르겠어요. 두려운 감정을 잊으려고 간식을 많이 먹어요. 체중 조절이 너무 힘들어서 운동을 그만두고 싶어요." C선수는 중학교 입학 이후 운동이 너무 하기 싫어졌다고 한다. 무엇보다 홀로 방을 쓰는 것이 너무 힘들다고 호소하였는데, 항상 불을 켜고 잠들 수밖에 없다고 했다. 불면증과 음식물 과다 섭취로 인해 초등학교 유망주였던 C선수의 경기 성적 또한 하락하기 시작했으며, 한번 무너지기 시작한 자기관리와 경기력은 끝도 모르게 추락하고 있었다.

상담에서는 동기와 욕구를 다루는 것이 가장 중요하지만 그 과정으로 가기 전 고난과 고통의 순간들에 대한 기억들과 감정들을 충분히 다룬다. C선수가 갖고 있는 지난 이야기들은 오래된 사건이었지만 시시때때로 불쑥불쑥 튀어 올라 삶을 힘들게 했다. 상담 시간 동안 묻어둔 감정들을 토로하고 하염없이 눈물을 쏟아내었으며 끝내 깊이 묻어 두었던 아픔들을 해소할 수 있었다. 눈물과 함께 그간 표출되지 못했던 감정들이 밖으로 나오는 것 같았다. 그렇게 점진적으로 C선수는 그동안 마음속에 깊이 묻어 두었던 공포심과 마주하였고 숨겨두었던 마음을 조금씩 표현할 수 있게 되었다. 이후 고통의 문제에 대해 감정적으로 위로하는 시간을 지나고 고난에 대한 이해를 증진시키는 교육도 함께 병행했다. 그러자 더 이상 밤에 마구잡이식의 군것질을 하지 않게 되었고 불을 끄고도 잠을 잘 수 있을 정도로 마음이 안정되어 갔다. 인형을 끌어안아야 잠이 오긴 했지만, 그래도 전만큼 어둠을 두려워하지 않게 된 것이다.

C선수의 경우 자주 불안한 감정에 지배되었다. 일어나지 않은 일에 대해 염려하고 어린 시절에 느꼈던 것과 비슷한 감정이 나타나면 그것에 쉽게 굴복 당했다. 이것은 항상 큰 고통이 되었고 고통을 해결하는 방법을 알지 못해 입이 즐거운 간식을 먹으며 고통을 잊으려 애썼던 것이었다.

반복되는 두려움을 이기기 위해 많은 사람들이 자기에게 효과적이라고 생각하는 수단을 찾아 사용하는데, 그것은 종종 중독으로 이어지기도 한다. 두려움이라는 감정이 들 때 단 음식을 자주 먹었던 C선수 또한 이렇게 중독으로 가는 단계를 밟아가고 있었던 것이다.

일반적으로 많은 상담 이론에서는 이런 고난과 고통에 대해 다룰 때 한 없이 위로하는 것만 중요하게 생각하여 연민을 가속화시키는 경우가 있다. 오직 연민에만 초점을 둔다면 중독을 허용하게 되며 책임을 회피하게 만들 수 있다. 지나치게 감정적인 수용만을 허용하는 것은 상태를 악화시킬 수 있는 것이다. 나 역시 내담자의 고통과 고난을 위로해 주지만, 과거의 감정과 자기 연민에 다시 사로잡히는 것은 허용하지 않는다. 또한 옛 감정에 사로잡혀 중독을 책임지지 않고 허용하는 것을 단호하게 거부한다. 과거는 지난 과거일 뿐이다. 한 번의 위로는 필요하지만, 다음 단계로 넘어가지 못하게 하는 과거의 다룸은 안하느니만 못하다.

나는 그동안 쉽게 내담자의 좋지 않은 습관을 허용할 경우 다른 영역도 함께 무너지는 것을 충분히 봐왔다. 그래서 과거에 아무리 극심한 고난을 겪은 내담자가 오더라도 결국 자신의 욕구와 동기에 대해 자신이 책임질 수 있도록 상담을 진행하는 것이 매우 중요하다는 것을 알고 있다. 위로가 동정이 되고, 동정이 연민이 되면, 결국 그 연민은 자기를 파멸하는 덫이 되고 만다.

몇 달간의 상담을 마치고 우리는 밝은 얼굴로 헤어졌다. 비가 부슬부슬 내리는 마지막 날에 기차를 타고 가며 창 밖을 바라보았다. 비가 그동안 내담자의 아픔을 씻겨주는 것 같아 시원하게 느껴졌다.

얼마 후, 최근 출전한 첫 중학교 대회에서 C선수가 그 학교 역사상 신입생으로서는 처음 금메달을 목에 걸었다는 좋은 소식이 들려왔다. 상담을 통해 C선수에게 지난 과거의 사건은 더 이상 문제가 되지 않게 되었다. 앞으로는 새로운 경험들을 인생이라는 퍼즐 판에 자유롭게 올려놓고 당당하게 앞날을 살아가면 될 것이다. 그날 이후로 C선수는 밤이면 밤마다 찾아오는 두려움과 공포에 사로잡히지 않게 되었고 더 이상 악몽을 꾸지 않고 있다.

몸과 연결된 감정들

강한 감정은 신체적인 현상을 일으킬 수 있다. 강렬한 분노의 감정에 사로잡힌 사람들이 근육통을 호소하거나 소화 장애 등의 영향을 받는 것을 보면, 감정이 몸과 연결되어 있다는 사실을 분명히 알 수 있다. 정서의 크기가 커지면 커질수록 거센 영향을 받고, 반대로 작은 경우 덜 영향을 받는다. 몸을 사용하는 운동선수의 경우 이런 영향력에 민감할 수 밖에 없다. 몸이 연약하고 쉽게 우울해지는 성향을 가진 사람들은 그렇지 않은 성향의 사람들보다 훨씬 더 불안에 민감하고 감수성이 예민할 수 있다. 이런 부분들은 활동을 하거나 대인관계에 영향을 미치기 때문에 자신이 민감성과 예민성에 대해 평소 잘 파악해 두어야 한다. 실제로 지나치게 예민한 운동선수들의 경우, 시합 직전에 사람들이 너무 많은 장소에서 시합 준비를 하면 정서적으로 영향을 받을 수 있다. 그런 경우에는 잠시 조용한 곳에서 호흡을 하고 정신을 가다듬는 것으로 준비하는 것이 유리하다.

스포츠팀 스포츠멘탈코칭

영국 선수권대회에서
생긴 일

2019년 영국에서 열린 세계선수권대회를 앞두고 뇌병변 장애를 가진 국가대표 선수와 심리적 준비를 해나가기 시작했다. 장애인 운동선수들은 다양한 사고로 장애를 입기도 하고 선천적으로 장애를 갖고 태어나기도 한다. 양쪽 모두 장애를 극복하는 과정이 쉽지 않다. 그들의 이야기를 들어보면 장애를 입고 사회로 다시 발을 내딛는데 10년 정도의 시간이 걸린다고 한다. 강산이 한번 변한다는 10년이라는 세월 속에서 그들은 자신의 장애를 받아들이고 정체성을 정리하는 데 많은 시간을 쓴다는 것이다. 국가대표 선수촌에 있는 장애인 선수들은 스포츠를 좋은 도구로 사용하여 다시 사회에 발을 내디딘 용기 있는 사람들이다. 이들과의 만남에서 함께 울고 웃으며 내면의 다양한 소리들에 귀 기울일 수 있었던 것은 상담사로서의 영광이었다. 선수들과 함께 했던 멋진 순간들이 여전히 좋은 기억으로 남아있다.

여러 차례 올림픽에서 좋은 성적을 거둔 선수가 대회에 대한 동기를 상실한 채 상담실에 찾아왔다. 만나서 대화를 하다 보니 동기 상실이라는 문제도 있었지만 심적 부담감이 가장 큰 문제로 보였다. 지난 대회에서 너무 좋은 성적을 낸 것이 선수에게 오히려 큰 부담으로 작용한 것이었다. 장애인 선수이건 비장애인 선수이건 운동선수들은 모두 부담감을 상대로 투쟁한다. 한 치의 오차도 허용하지 않는 스포츠란 경쟁 문화에서 그들은 메달을 향해 매일 같은 수행을 반복하며 자신을 훈련한다. 이런 과정에서의 소진과 탈진 그리고 다양한 종류의 감정들이 파생되는 것은 어찌 보면 당연한 일이다.

다음 패럴림픽에서도 메달을 딸 것이라는 부담감은 매일 J선수의 마음을 짓눌렀다. 책임감이 강했던 그는 내색하지 않고 그 부담감을 속으로 혼자 처리하곤 했다. 다시 정상에 서야한다는 생각으로 매일 자신을 다잡기도 했다. 그해 9월에 있었던 영국 세계 선수권 대회에서 좋은 모습을 보이는 것을 장기 목표로 설정하고 본격적인 시합 준비를 하기 시작했다. 6개월의 시간이 남았지만 해야 할 일이 많았다. 우선 불어난 체중부터 관리해야 했다. 무너진 자기관리는 경기력을 저하시켰고, 팀 내에서 다양한 대인관계 문제로 인한 스트레스도 상당했다. 주장으로서 자신이 팀을 책임져야 한다는 마음 때문에, 다른 선수들의 짐까지 지게 되며 극심한 압박감에 시달리고 있었다. 다행히도 영국에 가기에 앞서 제주도에서 시합이 있었다. 선수들에게 대회의 공백기가 길면 컨디션 관리가 쉽지 않다. 마침 이 대회는 컨디션을 점검하기에 좋은 시기에 열렸다.

나는 조금은 가벼운 마음으로 첫 대회를 동행하여 선수와 관계 형성을 할 시간이 주어진다는 것에 안도했다. 제주도에 도착해서 짐을 풀고 경기장으로 향했다. 시합 당일 아주 많은 인파 속에서 선수와 함께 긴 시간을 할 수 있었다. 선수 곁에서 이런 저런 이야기를 주고받으며 함께 대회를 준비했다. 감독님의 도움으로 대회 기간 동안 선수 휠체어를 밀고 경기 레인까지 데려다 주는 임무도 얻을 수 있었다. 이렇게 처음부터 끝까지 선수와 동행하다 보니 관계가 더욱 돈독해졌는데, 이런 시간들이 영국 세계선수권을 준비하는데 큰 힘이 되었다.

제주도에서 돌아와서 좀 더 심도 깊은 상담 과정을 시작했다. 가까워진 만큼 상담 속도도 빠르게 진행이 되었다. 나를 찾아온 J

선수는 다리 거동이 불편해 잘 걷지 못하는 수영 선수였다. 선천적 장애를 갖고 태어난 것이었다. 그는 어렸을 때부터 물을 좋아해서 자연스럽게 수영을 접하게 되었고, 장애인 수영 대회에서 두각을 내면서부터 수영 선수로 활동하게 되었다고 했다. 수영을 통해 자신감도 찾았고, 자신의 모습을 보며 희망을 얻는 다른 장애인들에 대해서도 알게 되면서 수영이 J선수의 인생에서 가장 중요한 부분을 차지하게 되었다. 그렇게 시작한 J선수의 운동 경력은 벌써 10년이 훌쩍 지났다. 이미 다수의 대회를 통해 경험한 자기만의 노하우가 상당히 많았고, 기술적인 부분에 대한 자부심도 높았다. 특히 섬세한 성격과 예민한 기질로 인해 상담사에 대해서도 면밀하게 파악했으며, 수행에 대한 이미지트레이닝을 하는 기술이 뛰어난 선수였다. 여러 모로 재능이 많은 선수였다.

상담을 통해 J선수가 살아왔던 삶의 모험에 동참할 수 있음이 기뻤다. 은연중에 받아왔던 차별과 멸시는 J선수를 더욱 방어적으로 만들었고, 외부에서 주어지는 작은 시선들도 어떤 날에는 칼날같이 다가와 자신을 찌르곤 했다고 고백했다. 어릴 때부터 스스로 할 수 있는 일들이 적었기 때문에 부모님이 주는 간섭과 통제도 선수의 감정을 억눌렀던 큰 요소라는 것이 밝혀졌다. 자유로울 것 같아 선택한 스포츠 문화에서의 강한 통제들은 지금도 자신을 숨막히게 한다고 했다. 수영 경기에서 메달을 딸 때는 잠시 위대한 사람이 되는 것 같지만, 그렇지 못할 때는 다시 별 볼 일 없는 선수가 된다면서 고개를 떨어뜨리기도 했다. 이런 모습들 속에서 상담의 목표가 자연스럽게 정해졌다. 누구에게도 고백하지 못했던 감정을 표현하게 하고, 부담감을 자극하는 요소들을 찾아내서 줄이는 것을 목표로 설정하여 진짜 자기 정체성을 찾을 수 있도록 지원하기 시작했다. 세부적으로는 부모님과의 관계에 대해서도 다루어 관계를 맺을 때 패턴을 파악하였고, 경계선에 대해 재설정하는 것도 추가해 동료나 지도자와의 적당한 거리들을 유지하는 방법에 대해 교육했다. 이런 훈련을 통해 타인과의 관계에서 정서적 소모가 줄어들 수 있도록 지원을 한 것이었다.

그리고 6개월 후, 뜨거운 여름이 지나고 영국 세계선수권대회가 열렸다. J선수는 많은 경험이 있었지만 새로운 경기장에 대해 불안감을 갖고 있었다. 새로운 것에 대한 긴장은 누구나 경험하는 것이지만, 운동선수들은 특히 처음 경기를 해보는 곳에 대해 적응해야 하는 스트레스가 있다. J선수의 경우 그것에 대한 부담감이 상당히 컸고 심리적으로 큰 영향을 받았다. 나는 J선수의 심리적 안정을 위해 어떤 처치를 할지 고민을 한 끝에, 경기 전날 스타디움에 도착해서 작은 카메라로 선수가 다닐 동선을 모두 동영상에 담았다. 이후 숙소에 돌아와 동영상을 편집한 후, 함께 보고 상담하며 경기장에 대한 적응 능력을 키워주기 위한 지원을 진행했다. 선수가 체조하는 장소, 탈의하는 장소, 입장하는 장소, 출발할 레인까지 모두 영상으로 담았고, 그것을 토대로 이미지 트레이닝을 진행했다. 아주 정확한 동선을 다루며 영상에 익숙해지자 긴장감이 줄어든 J선수는 보다 편안하게 그날 밤을 보낼 수 있었다.

이번 대회에서 나는 선수의 멘탈을 코치하는 역할이 주요 임무였지만 보조 도우미로서 대회 기간에 동참하기로 되어 있었다. 그래서 J선수가 어려워하는 부분에 대해 잘 지원해 주는 것도 중요했다. 경기를 얼마 앞두고 하루를 마무리 할 즈음 J선수와 함께 숙소 주위를 돌며 산책을 했다. 그러고는 J선수가 느끼고 있을 정서와 감정이 무엇일지 곰곰이 생각해 보고 경험해 보려고 노력하는 시간들을 가졌다. J선수가 훈련하며 느낄 힘듦과 대회 직전 느끼고 있는 불안 등의 감정을 완전히 공감하긴 어려웠지만, 최대한 가까이에서 그의 이야기를 들으며 함께 공유했던 감정들을 다시 떠올리며 정리할 감정들은 선선한 바람 위로 던지고 흘려보내는 시간을 가졌다. 긴 시간이 주마등처럼 머릿속을 스쳐 지나갔고 함께 했던 시간들이 나에게 특별하게 느껴졌다. 이번 대회에서 좋은 일들이 일어날 것이라는 믿음과 확신이 생긴 것이다.

드디어 대회가 시작되었다. 올림픽이 열렸던 영국의 경기장은 시설이 뛰어났다. 또한 생각한 것보다 많은 관중들이 응원석에 앉아 있었다. 우리는 오후 경기였기에 오전 연습을 하기로 되어 있어 일찍 경기장에 도착했다. 몸을 풀기 위해 수영장에 들어간 J선수의 몸이 다른 날보다 가벼워 보였다. 시합 시작을 앞두고 답답해 하던 그가 경기장 주변을 산책하고 싶다고 했다. 함께 스타디움을 걸으며 이런저런 이야기를 나누며 정서적 긴장감을 해소했다. J선수는 기존 대회에서는 이겨야 한다는 부담감이 커서 해외에 나가도 문화생활을 하지 못했었다고 했다. 그러나 이번 대회에서는 마음이 가벼워져 경기 외적인 것들도 눈에 들어온다고 하며 밝게 웃었다. 대회를 끝내고 꼭 자신이 가장 좋아하는 축구 팀 토트넘 경기장에 가보고 싶다고 하며 설레는 그의 모습이 좋아 보였다. 또한 이번만은 성적과 관계없이 온전한 자기 자신으로 경기를 뛰고 싶다고 고백했다. 즐기는 경기를 이번 대회의 목표로 잡은 것이었다. 이렇게 경기에 대한 심리적 예열과 준비는 모두 끝나 있었다. 수많은 과정이 지나고 실전만이 우리 앞에 남아 있었다.

경기 시작을 알리는 소리와 함께 J선수는 영상을 보며 이미지 트레이닝을 한 대로 천천히 경기장에 입장하여 관중석을 둘러보고 음악을 들으며 서서히 레인으로 들어갔다. 출발선 앞에서 평소처럼 여유 있는 표정과 포즈로 대기음을 기다리고 있었다. 나는 2층 관중석에서 전광판에 비친 J선수의 모습을 보다가 마음이 쿵쾅거려 견디기 어려웠다.

"띠~~~~"

출발 소리와 함께 J선수는 여러 명의 경쟁자들을 제치고 메달권으로 치고 나왔다. 막강한 경쟁자로 여겼던 세계 1,2위 선수들과 얼마 차이가 나지 않은 채 반환점을 돌아 결승선까지 빠른 속도로 전진했다. 그 모습을 보다가 그동안 우리가 준비했던 시간들이 머릿속을 스치며 눈물이 왈칵 쏟아졌다. 옆에 있던 다른 선수도 큰 목소리로 계속 응원의 메시지를 보내고 있었다. 중반 레이스에서 좀 지쳐 보이긴 했지만 1,2등 선수들을 바짝 추격하며 결승선을 향해 계속 나아갔다. 주 종목이 아닌 서브 종목이었고 새롭게 도전하는 종목이었지만, 그는 기죽지 않고 당당하고 멋지게 레이스를 완주했다.

최종 순위 3위였다! 자랑스러운 대한민국 국기가 결국 영국 올림픽 스타디움에 걸렸다. 시상대에 선 J선수의 모습은 더없이 행복해 보였다. 경기가 끝나고 우리는 사진을 찍고 서로를 얼싸 안았다. 그동안의 고생이 기쁨으로 바뀌는 순간이었다. 서로의 등을 두들기고 격려하며 사진을 남겼다. 최고의 순간을 함께 하게 된 것이다.

경기를 마치고 돌아오는 버스 안에서 J선수가 나를 쳐다보며 작은 목소리로 고백했다.

"수영할 때 자유로운 느낌이 들었어요. 아주 깊은 바다 속에서 수영하는 것처럼 고요했고 잔잔했어요. 아무 소리도 들리지 않았고, 그냥 수영에 온전히 집중할 수 있었어요. 행복감이 들었습니다. 잠시나마 즐겁게 장난치며 수영하던 어린 저의 모습이 떠올랐어요. 제 인생에서 진짜 즐기면서 진정한 내 자신으로 수영한 경험은 처음인 것 같아요 이 과정을 함께 해서 감사합니다."

J선수와 주고받은 대화 속에서 우리가 걸어온 길들에 대해 잠시 묵상했다. 창가를 바라보며, 운동선수들이 온전한 자기 정체성을 확보하는 것에 대한 중요성과 소명에 대해 더 확고히 다졌으며, 앞으로 만날 선수들에 대한 기대감이 더욱 커지는 것을 느낄 수 있었다.

많은 운동선수들이 있는 그대로의 자신의 모습을 바라보지 못하며 살고 있다. 거울에 비친 자신의 모습은 얼룩덜룩하기도 하고 지저분하게 흐트러져 있기도 하다. 그 모습을 보며 자신이 형편없고 부족한 사람이라고 정의를 내리는 것이다. 사실 수많은 비난의 말들과 저주의 말들은 거울에 비친 자신을 망가뜨리지 못한다. 그것들은 자신을 비추는 거울을 망가뜨리고 깨뜨릴 순 있지만, 거울 속 살아있는 자신을 공격하지는 못한다. 그러나 많은 사람들이 깨진 거울 속에 보이는 자신의 모습이 진짜 자기라고 믿는다. 거울의 속임수에 사로잡히게 되는 것이다.

부정적인 언어와 비난은 자신의 모습을 바라보지 못하도록 저주를 걸고 쇠사슬로 사람을 묶는다. J선수 또한 어릴 때부터 여러 가지 환경과 배경으로 인해 온전한 자신을 찾지 못한 채 운동을 해왔다. 그러나 이번 우리와의 긴 여행을 통해 온전하게 자신을 찾게 되었다. 선수가 갖고 있는 장애, 아픔, 시련이 다이아몬드 같은 자신의 진짜 모습을 감추게 할 수 없다는 사실을 빛나는 6개월의 카운슬링 모험을 통해 알게 된 것이다. 우리는 방 안에 갇혀 세상 밖으로 나서지 못하는 수많은 다이아몬드들에게 이 글을 전해주고 싶다. 당신의 모습을 거짓되게 비추고 있는 거울에 속지 말고 진짜 자신의 모습을 바라보라고, 당신은 아름답고 사랑스러운 존재라는 사실을.

대한민국 최고 명의이자 간 이식 권위자 이승규 교수는 수술 후 꼭 수술 일지를 작성한다고 한다. 그 분의 일지에는 수술의 전 과정이 상세히 기록되어 있다. 반드시 기억해야 할 것은 일지에 컬러로 그림을 그려 놓았다. 운동선수 역시 운동이 끝난 후 일지를 쓰는 경우가 많은데, 그날 한 과정에 대해 세밀하게 기술하고 색채를 사용하여 그림을 함께 그려 놓으면 심리기술 훈련 중 하나인 이미지 트레이닝을 하는 것에 큰 도움을 받을 수 있다. 실제로 최고 수준에 있는 국가대표 선수들을 만나보면, 이미지 트레이닝을 할 때 컬러 이미지를 떠올리며 훈련하는데 이런 수준이 되기까지는 상당한 연습이 필요하다. 컬러 그림 일지를 기록하다 보면 보다 정확하고 빠른 국가대표 이미지 트레이닝 기술을 구사할 수 있게 될 것이다.

2019년 제주도 지사배 수영대회

2019년 영국세계선수권대회 동행

링 위의 암살자

고등학생 선수인 E군은 뛰어난 복싱 선수가 되는 것이 꿈이다. 초등학교 때부터 무에타이 학원에 다니면서 복싱 선수의 꿈을 꾸게 되었고, 그때부터 지금까지 행복하게 운동을 하고 있다. 중고등학교 전적이 12전 무패일 정도로 실력이 좋지만 최근 심각한 고민이 생겨 상담실 문을 두드리게 되었다. 복싱 운동에서는 시합 도중에 상대와 가까이 붙는 경우가 자주 일어나는데 그럴 때마다 종종 호흡이 가빠지면서 죽을 것 같은 공포심이 밀려와 힘이 쭉 빠지게 된다고 했다.

이기고 있다가도 이런 상태가 되면 그 경기에서 역전패하곤 했다. 이런 현상은 운동선수들에게 치명적인 요소가 된다. 큰 대회를 앞둔 E군으로서는 빨리 해결해야 할 문제였지만, 스스로 극복하기에 어려움을 느껴 찾아오게 된 것이다.

E군은 굉장히 내성적인 성격을 갖고 있었다. 상담사의 질문에 단답형으로 대답을 할 때가 많았으며 구체적으로 자기감정을 표현하기를 힘겨워 했다. 가족이 아닌 누군가에게 자신을 드러내는 것에 익숙하지 않았다.

상담 초반에는 경기 중 구체적으로 어떤 장면에서 이런 증세가 나타나는지 면밀하게 파악하기 시작했다. 현상의 횟수, 경험, 그 당시에 느끼는 생각과 감정을 살피며 원인을 파악해 나가기 시작했다. 몇 회기의 상담을 진행하며 흥미로운 사실을 발견하게 되었는데, 선수가 화내는 패턴과 방식에 공통점이 있다는 것이었다. 분노의 감정 처리와 다룸은 상담에서 중요하다. 특히 복싱이라는 운동 특성상 분노와 관련된 정서를 많이 사용하게 될 것이라는 가정하에 접근한 것이 주효했다. E선수는 평상시에는 소심하고 조용한 성격으로 자기표현을 극히 제한하는 성향을 갖고 있었다. 화가 나거나 짜증이 나는 경우에는 아주 가까운 사람에게만 감정표현이 제한적으로 발현되었다. 주로 화가 나는 순간들은 친구와 어딘가로 이동할 때 친구가 자신의 걸음보다 느릴 때, 자신이 원하는 시간 안에 체육관 청소를 끝내지 못할 때, 운동시간에 팀원들이 뭉그적거릴 때 등이었다. E군은 주로 이런 순간에 유독 분노와 짜증을 많이 냈다. 화가 나는 상황에 대한 E군의 이야기를 들으며 상담사에게 스쳐지나간 단어는 '속도와 통제' 였다. E선수에게 화가 나는 순간은 모두 속도 및 통제와 관련된 것으로 보였다. 상담사는 이러한 정보를 토대로 접근하여 속도와 관련된 이슈에 대해 더 세밀하게 찾아보다가 E군을 주로 뒷바라지해주던 아버지와 관련된 이야기를 다루면서 속도 조절과 통제에 대한 실마리를 잡게 되었고 회복이 가능하다는 확신을 갖게 되었다.

타고난 성향이 느릿느릿했던 E군은 자신과 다르게 성질이 급한 아버지에게 자주 질타를 받거나 혼나면서 자라왔다고 했다. 일상생활에서도 옷을 늦게 입거나 밥을 천천히 먹을 때 아버지로부터 쏟아지는 비난을 감내해야 했으며, 외출 준비를 할 때면 E군보다 훨씬 빨리 옷을 입고 현관 앞에 서 있는 아버지로 인해 급하게 서둘러야 했던 기억들을 갖고 있었다. 최근에도 매니저 역할을 하는 아버지의 성급함 때문에 짜증난 적이 여러 번 있었다고 했다. 자신에게 깊은 관심을 가지고 살뜰하게 챙겨주는 점은 고맙지만, 서로 다른 성향으로 인해 화가 치밀 때가 많았다고 했다. 그런데 아버지의 성급한 성격을 그토록 싫어했던 그가 지금 타인이나 동료들에게 똑같이 하고 있는 것이었다. 그 사실을 깨닫자 E군은 잠시 충격에 휩싸이기도 했다.

분노 정서를 구체적으로 다루면서 분노 정서가 활성화되기도 했는데, 이때마다 E군이 항상 스스로 급해진다는 것을 체감하게 되었다. 또 급해진 상황에서 경기를 할 때 특정 신체적 현상이 나타난다는 것을 링 위에서 여러 차례 걸쳐 확인할 수 있었다. 이런 지점들을 발견하자 상담 장면 안에서 공격성을 자각하도록 연습할 수 있었고, 감정을 언어로 표현하게 하는 방법을 익히게 되어 조절 방법을 획득할 수 있었다. 자신의 분노 정서가 활성화될 때 급해진다는 것을 경기 장면에서 인지적으로 알아차리게 되자, E군은 순간적으로 급해졌을 때 잠시 동작과 행동을 멈추고 호흡을 하며 감정을 조절하는 방법을 사용하기 시작했고 속도 조절을 하기 시작했다. 극심하게 분노가 올라올 때는 심호흡 몇 번만으로 해결되지 않을 때도 있었지만, 점진적으로 효과적인 방법을 터득하게 된 것이다.

이런 훈련 방법을 통해 분노의 감정이 활성화 되었을 때 우리는 그것을 수치화해서 다룰 수 있게 되었다. 정서의 온도계가 있다고 가정했을 때 10이 가장 높은 숫자라면, 4~5 혹은 1~2로 온도를 낮추는 트레이닝을 반복적으로 하기 시작했다. 더불어 자신의 뜻대로 되지 않을 때 화가 나는 욕구에 대해 찾아내어 조절하기 시작했다.

모든 것을 통제하고 컨트롤하려고 하는 지나친 욕구를 줄이는 연습을 병행한 것이다.

그런 마인드 훈련이 익숙해질 정도가 되면서 훈련과 시합 중에 자주 일어났던 신체적 증상이 사라지기 시작했다. 상대방이 갑작스럽게 다가왔을 때 자기도 모르게 폭발적으로 급해지는 정서를 조절하게 되자 경기 운영에도 여유가 생기게 되었다. 또한 자기 중심성에 대해 깨닫고 통제력을 줄이자 대인관계에서 나타나는 분노도 줄어들게 되었다. 이렇게 하여 E군은 자신도 모르게 엄습하여 위협하는 암살자를 링 밖으로 멀리멀리 쫓아내게 되었다.

어느 무더운 여름날, E군은 동남아로 출국했다. 오랜 만에 경기 일정이 잡힌 것이다.

많은 준비가 되어 있었지만 심리적인 상태에 대한 불안과 걱정은 남아 있었다. 상담 이후 처음 출전하는 대회여서 정말 자신이 괜찮아졌는지 궁금하기도 했다.

상대는 강한 선수였다. 쉴 틈 없이 자신을 몰아붙였다. 반격을 당할 때면 E군을 강하게 끌어안기도 했다. 무더운 날씨인 만큼 힘든 싸움이 되었고 치열한 공방전은 전 라운드 내내 계속되었다. E군은 경기 내내 최선을 다했지만 아쉽게도 패배했다.

시차로 인한 컨디션 문제로 자기 기량을 모두 내보일 수 없었던 것이다. 그럼에도 불구하고 E선수는 기뻐했다. 평소 같았으면 문제가 생겼을 호흡 문제와 자신을 휘감았던 감정이 경기장에서 나타나지 않았고, 약간의 낌새는 있었지만 연습할 때처럼 조절할 수 있었다. 오랜 시간 자신을 괴롭혀 오던 것들이 사라지자 경기장 안에서 오랜만에 자유로운 기분을 느낄 수 있었다고 했다.

　분노의 감정을 다루기 위해서는 분노 아래에 있는 욕구부터 다루어야 한다. 어떤 상황과 환경이 분노라는 가스레인지에 불을 켜게 했는지 먼저 알아야 하는 것이다.

　현대사회에서 많은 사람들이 다양한 종류의 화로 인해 고뇌하고 고민하고 있다. 어린 시절에 화에 대해 부정적인 사건을 많이 겪은 사람일수록 화를 억제하거나 표현하는 것을 두려워한다. 언어를 통해 표현되는 감정의 정화를 경험해 보지 못한 사람들은 억제된 분노로 인해 다른 극심한 증상들을 겪기 마련이다. 또한 분노를 자주 악한 방향으로 사용을 하게 되고 선한 방향으로 사용하는 방법을 배우지 못하게 된다. 분노에 대한 분별력을 갖추는 것은 정서 교육에서 가장 중요한 부분 중 하나이다. 이를 더 알고 싶다면 데이비드 폴리슨의 『악한분노, 선한분노』를 참고하라.

　유능한 상담사들은 분노를 다루지만, 그 이전에 분노를 일으키는 인간의 동기와 욕구를 더 중요하게 생각한다. 자신이 무엇에 화를 내고 있는지 알게 해 주고, 그것을 해결할 수 있도록 올바른 방법론을 제시하는 것이다. 예를 들면 자신의 뜻대로 되지 않았을 때 화가 나는 사람은 세상의 중심을 자신으로 여기는 욕구를 알아채지 못한 것이고, 대인관계에서 유독 좌절을 경험하고 화를 낸다면 그 사람은 타인을 인생에서 가장 중요하게 여기고 있는지 여부를 확인해 볼 수 있을 것이다. 간단한 예시이지만 이 외에도 다양한 욕구들이 감정 아래 도사리고 있으며, 인간은 늘 자신을 삼킬 듯한 욕구와 맞닥뜨리고 있다. 사각의 링 위에서 경기하는 선수들처럼 우리 모두 지금도 그것들과 치열하게 싸우고 있는 것이다.

사랑과 두려움

사랑과 두려움에는 서로 연관성이 없어 보이지만 언제나 사랑은 두려움을 극복한다. 모든 부모는 자식이 위험한 상황에 처할 때 주저없이 두려움에 맞서 뛰어든다. 전설적인 영화 〈록키〉에서도 록키는 자신을 위해 싸우지 않고 가족을 바라보며 경기에 참여한다. 동기를 자신에게만 두지 않고 타인을 향해 둘 때 그가 겪는 두려움들을 이겨내는 것으로 묘사된다. 많은 올림픽 스타들이 자신만을 위한 싸움이 아닌 가족, 타인과 국가를 위한 사랑의 마음을 갖고 나아갈 때 승리에 가깝게 가는 것을 본 적이 있을 것이다. 모든 사랑은 두려움을 극복하며 사랑으로 인해 두려움은 잠잠해 질 것이다.

서울체육중학교 제자들과 함께

청소년 꿈나무 선수 스포츠심리지원

사랑을 훔치는
축구선수

경기도 화성시에서 찾아가는 상담을 하던 중 한 초등학교 축구 선수 아이를 만나게 되었다. 조그만 체구의 초등학교 3학년짜리 학생이 엄마 손을 붙잡고 관내 종합운동장 안쪽에 있는 사무실로 걸어 들어왔다. 인상 깊었던 것은 처음 마주한 아이의 모습이었다. 잔뜩 긴장한 채 몸을 벌벌 떨면서 들어온 아이의 눈동자는 불안한 듯 사정없이 흔들렸다. 한껏 움츠려 든 그의 몸짓에서 공포심이 느껴졌다. 자리에 앉아 엄마와 이야기를 나누다가 아이가 왜 나를 보고 두려워했는지 비로소 이해가 되기 시작했다.

아이를 Q군이라고 하자. Q군이 아기 때부터 유치원에 다닐 때까지 지금은 이혼한 Q군의 부모는 아이가 보는 앞에서 자주 다투었다. 다투는 과정에서 일어나는 고성과 폭력적인 아빠에 대한 기억은 Q군의 마음속 깊이 자리 잡았다. 아무리 애원해도 멈출 수 없는 전쟁같은 시간 동안 소년의 마음은 많이 아팠고 상처가 생겼다.

이후에도 좋은 어른들과의 관계를 경험해 보지 못한 Q군이 덩치 큰 남자인 상담사를 두려워하는 것은 어찌 보면 당연한 것이었다. 나의 존재 자체만으로 그 아이는 극심한 공포를 경험하고 있었던 것이다.

Q군은 축구부에서 운동을 할 때도 어수선한 모습을 많이 보인다고 했다. 집중력이 부족한데다 운동 중에 다른 생각을 할 때가 많고 산만하다는 것이 주변의 평가였다. 축구를 가장 좋아하고 훌륭한 선수가 되고 싶었지만 그런 태도 때문에 Q군은 주전 선수로 자리를 잡지 못하고 후보로 밀려나게 되었다. 벤치 멤버가 되자 더욱 주의력이 산만해졌다.

운동이 끝나면 Q군은 엄마가 출근한 사이에 집에서 혼자 지냈는데 그 시간이 심심하다고 했다. 주로 만화책을 보면서 엄마를 기다리다가 고양이도 돌보고 집도 정리한다고 했다. 초등학교 3학년 아이가 감당하기에는 버거운 일이라고 느껴졌다.

밤늦게 엄마가 들어오면 Q군에게 잔소리부터 한다고 했다. 피곤한 엄마 입장에서는 Q군이 얼마나 방을 잘 정리했는지, 고양이

똥을 얼마나 잘 치웠는지에 대해 관심을 주지 못했다. 아이를 향한 사랑보다 잔소리가 앞서곤 했다.

하루 종일 사랑받고 싶어 했던 아이는 그토록 기다리던 엄마를 만나서도 따뜻한 사랑을 경험하지 못했다. 일터에서의 피로감으로 엄마는 집에 돌아와도 별다른 대화 없이 잠자리에 들곤 했다. 무언가 허전해서였을까? 어느 순간부터 아이는 엄마의 지갑에 손을 대기 시작했다. 지갑에서 자꾸 돈이 없어지는 것을 알게 된 엄마는 Q군을 혼내기도 하고 타일러 보기도 했다. 그러나 항상 다시는 그러지 않겠다는 아이의 다짐은 그때뿐이었고 그런 일들이 반복되었다. Q군은 훔친 돈으로 자기가 원하는 것을 사서 공허한 마음을 채우고 있었던 것이다. 엄마의 사랑이 채워지지 않는 것은 여전히 슬픈 일이었지만, 돈으로 산 물건으로 큰 즐거움이 생기자 그나마 견딜만했던 것이다.

상담은 늘 일정한 패턴으로 진행되지는 않는다. 상담사마다 다르겠지만 나의 상담은 항상 변칙적이다. 아이들이 운동을 좋아하면 같이 운동을 하기도 하고, 게임을 좋아하면 같이 게임을 하기도 한다. 이번 상담의 경우에도 Q군이 많이 위축되어있었기 때문에 깊은 이야기보다는 가볍게 좋은 시간을 함께 보내면서 좋은 기억을 심어주자는 마음으로 상담을 시작했다. Q군은 명탐정 코난을 좋아했고 보드게임을 좋아했다. 처음엔 상담사인 나에게 무서워 말도 못 걸던 아이는 이런 과정을 통해 가까워지고 친해지자 장난을 치기도 했다. 어느 순간부터인가 화나는 일이 있으면 그 화를 표현하기도 했다. 특히 게임을 하다가 화가 날 때는 방문을 열고 나가는 시늉을 하며 상담사인 나를 귀엽게 협박하기도 했다.

"선생님 또 그렇게 게임하면 가만히 안 둘 거예요. 상담 안 할 거예요!"

성인 남자 상담사인 나에게 화를 표현하는 모습을 보며 아이의 회복가능성을 예측할 수 있었다. 처음 눈에서 봤던 공포심이 조금씩 사그라드는 모습이 보였기 때문이다. 과격하고 거친 표현도 반복적으로 받아주자 시간이 지남에 따라 회복되었다. 한 번은 센터에서 받은 지원금 5만 원으로 아이가 제일 좋아하는 코난 만화책을 사주었는데, 그 선물을 받고 아이는 뛸 듯이 기뻐했다. 혼자 지내는 동안 반복해서 그 책을 읽을 것이라고 했다.

우리는 매 회기마다 다른 활동들을 하며 친해져 갔다. 게임을 30분 진행하고 10분간 아이 말을 귀 기울여 들으며 그동안 누구에게도 말하지 못했던 아픈 사연을 들을 수 있게 되었다.

아이는 항상 아빠를 그리워했다. 그토록 무서워했던 아빠지만 이제 자기 곁에 없음을 슬퍼했다. 아빠와 함께 놀고 싶고 여행 가고 싶은 마음을 꾹꾹 눌러 놓고 산 것이다. 그런 감정들을 엄마에게 표현할 수 없었다. 늘 힘들게 일하고 돌아온 엄마에게 차마 아빠 이야기를 할 수 없었던 것이다.

상담 과정 중 특별한 이벤트를 마련하기도 했는데, 센터 지원금으로 근사한 레스토랑에 초대한 것이다. 크리스마스를 앞두고 아빠와의 추억이 없는 아이에게 좋은 기억을 심어주고 싶었고, 가족과의 행복한 느낌을 기억하게 하고 싶어 계획한 일이었다.

화성이라는 지역은 정말 넓다. 아이를 만나러 가본 동네도 처음 가보는 곳이었다. 그럼에도 불구하고 누군가를 위한 여정과 길은 항상 보람되고 감사하게 느껴진다.

인터넷을 뒤져 겨우 알아낸 레스토랑에서 우리는 근사한 식사를 하며 즐거운 시간을 보냈다. 커다란 크리스마스 트리와 맛있는 음식들을 보며 Q군의 어머니 얼굴에는 웃음꽃이 활짝 피었고 Q군도 연신 밝게 웃고 있었다. 특별한 시간 이후로도 상담은 계속 진행되었다. 이후로도 5개월의 시간을 지속적으로 함께 보내며 아이와 나는 편안한 친구 같은 사이가 되었다. 여느 아빠나 친구 같은 존재로 그저 그 옆에 묵묵히 있어 주었다.

특별한 치료를 하지 않았는데 Q군의 도벽이 사라졌다. 또 최근에 Q군에게서 공격성이 줄어들어서 학교와 기관에서 칭찬을 받았다고 했다. 축구팀에서도 산만하지 않고 집중력이 향상 되었다는 이야기를 듣는다며 기뻐했다. 우리가 함께 보낸 시간이 치료약이 된 것이다. 아무래도 아이에게 꼭 필요한 처방전은 사랑이었던 것 같다. 누군가가 자신의 마음을 알아주고 자신을 존중해주고 사랑해 주는 것을 원했던 아이는 그 필요가 충족되자 그동안 해왔던 문제행동들을 멈추게 되었다. 더불어 아이에게 또 다른 변화가 생겼는데, 매일 오후에 나가 다음날 새벽에 돌아왔던 엄마의 근무 스케줄이 변한 것이다. 상담을 진행하며 가끔 하는 부모교육을 통해 Q군 어머니는 아이가 가장 필요한 시기에 부모와 함께하는 중요성을 통찰하고, 회사에 요청해 스케줄을 변경한 것이다. 물리적으로도 이제 Q군은 엄마를 마냥 기다리며 공허한 시간을 보내지 않게 되었다. 그로 인해 그동안 엉망이었던 삶의 습관들이 조금씩 고쳐지고 있으며, 축구선수의 꿈을 이루기 위해 오늘도 운동장을 누비고 있다.

우리는 어쩌면 부자연스러운 상담을 하고 있는지도 모른다. 50분의 세팅, 늘 만나는 상담실, 이론을 통한 상담 등등. 이런 상담이 중요하지 않은 것은 아니지만 때론 우리의 시선을 넓혀 내담자가 원하는 방식으로 상담을 해야 한다. 때론 함께 차를 마시기도 하고 공을 차기도 하며, 그들과 함께 삶을 나누고 그들의 필요에 반응해야 한다. 무조건적인 채움보다 그들이 사랑받을 만한 존재라는 사실을 관계라는 도구를 통해 느낄 수 있도록 하며 이를 위해 그들의 삶 안에서 함께 살아줘야 한다. 변화는 자주 알 수 없는 이유 가운데 나타난다는 사실을 잊지 않아야 한다. 변화하는 원인은 파도와 같이 다양하고 바람과 같이 자유롭다. 어떤 바람이 우리의 마음을 만져 변화로 이끌어 갈지를 제한하면 안 되는 것이다. 때론 사랑의 마음을 갖고 시간을 함께 보내주는 것만으로도 기적적인 치유가 일어나기도 한다.

좋은 대상

우리가 만나는 모든 대상은 우리에게 좋은 영향을 주기도 하고 안 좋은 영향을 주기도 한다. 자기도 모르게 부모의 모습을 많이 닮아 있는 것을 볼 때 놀라는 것은 이런 사실들을 반증한다. 사회로 나가게 되면 외부에서 만나는 사람들이 더욱 다양해지고 그런 사람들의 영향을 지속적으로 받게 된다. 실제로 상담 현장에서 좋은 상담사를 만나는 내담자는 그렇지 않은 경우보다 치료와 회복이 빠르다고 보고되고 있다. 실제로 우리 주변에서 사람을 잘 만나서 건강해지고 인생의 꽃이 피었다고 고백하는 이야기들을 들을 수 있는데, 그 이유는 좋은 대상이 인간의 자아상을 수정하는 데에 도움을 주기 때문이다. 힘든 선수들 곁에 좋은 사람들이 많아야 하는 중요한 이유이다.

진천국가대표 선수촌에서

사각의 감옥에 갇힌
배드민턴 선수

배드민턴 선수인 H양은 실업팀 진출을 앞둔 고교 랭킹 3위의 엘리트 선수이다. 특히 중학교 시절이 전성기였는데 많은 대회에서 트로피를 획득하고 수준 높은 경기를 펼치자 주변에서 모두 우러러보곤 했다. 지나친 승부욕을 가진 H선수는 운동을 잘하긴 했지만 지기 싫어하는 성격을 갖고 있었다. 이런 악착같은 성격 탓에 자기 뜻대로 무언가 되지 않을 때 폭발적인 화를 내곤 했는데, 뛰어난 실력 때문에 지도자들은 그런 부분을 못 본 체하곤 했다.

그러던 어느 날이었다. 오후 훈련 중에 제 뜻대로 안 되자 H선수가 화를 내면서 라켓을 집어던졌다. 참다 못 한 지도자가 훈계를 하자 H선수는 지도자에게 입에 담지 못 할 정도로 악담을 하면서 대들었고, 지도자가 참지 못하고 H선수에게 폭력을 휘두르게 된 일이 있었다.

그 결과, 화가 난 부모님의 선택으로 H선수는 지방에 있는 체육고등학교로 전학을 가게 되었다. 그 학교도 배드민턴에서 전국 랭킹권에 있었기 때문에 전학 결정에 큰 어려움은 없었다. 그러나 1년 후, 전학을 보낸 H양의 부모님들이 참담한 심정으로 상담실 문을 두드리게 된다.

전학을 간 학교의 지도자들은 자신의 분노를 늘 받아주던 전학교 지도자와는 다르게 그런 성격을 용납하지 못했다. 그로 인해 경기가 마음에 들지 않거나 실수를 할 때 늘 소리를 지르고 악을 쓰던 습관을 참아야만 했다. 폭발할 것 같은 불덩이를 가슴 깊이 누르게 된 것이다. 증상이 나타난 것은 전학 이후 1년이 지나고 나서부터였는데, 어느 날부터인가 음식물을 과다 섭취하게 되었으며 먹은 것을 토하기를 반복하게 되었다.

H양과 상담을 하며 효과적인 치료를 위해 부모 상담을 몇 차례 진행하였다. H선수의 아버지는 어릴 때부터 간 질환을 갖고 태어나 죽을 고비를 여러 번 넘기면서 가족들로부터 극진한 보살핌을 받으며 자라왔다고 했다. 밥 먹듯이 병원을 드나들었으며 차도가 없자 살아 있을 때까지만이라도 최고의 것을 해주려는 부모님에게 많은 관심을 받았다. 하지만 병으로 인해 무언가에 도전할

기회들을 여러 번 박탈당했다. 자신도 동생들과 같이 멀쩡한 사람으로 인정받고 존중받고 싶다는 마음을 늘 품고 살았던 H선수의 아버지는 20대 때 미국에서 유학을 하고 온 실력 있는 의사에게 수술을 받고 완치되었다. 이후 악착같이 공부하여 대기업에 입사하였고 빠른 진급을 통해 자신이 더 이상 나약한 존재가 아니라는 것을 입증시키기 위해 악착같이 살았다고 했다. 수 십 년 동안 일 중독자로 살면서 회사에서 큰 인정을 받았으나 조금의 흠도 보지 못하는 성격 탓에 많은 동료들이 등을 돌렸다고 했다. 집에서도 어린 자녀들의 작은 실수와 결점을 보면 폭발적인 화는 아니었지만 늘 날카로운 눈빛을 쏘아붙였으며, 흠 없이 잘한 결과물이 아니면 바라봐 주지도 않았던 모습이 후회된다고 하며 자신의 모습이 자식에게 투영된 것 같다며 많은 눈물을 흘렸다.

실제로 H선수는 운동 중에 조금의 결점도 허용하지 못하는 모습을 보였다. 자신이 생각하는 동작에 조금이라도 못 미치면 모든 것이 끝나기라도 한 듯 소리를 지르고 경기를 망쳤다고 생각하였다. 이런 모습은 일상생활에서도 나타났는데 자신의 물건이 놓은 대로 있지 않거나 새로 산 물건에 작은 흠집이라도 나면 버리거나 사용하지 않았다. 자신이나 자신의 물건에 조금이라도 흠이 있으면 더럽고 불결하게 느껴진다고 했다.

상담 과정에서 더럽고 불결하다는 단어를 입에 올렸을 때 수치심이라는 단어가 떠올랐다. 바로 H선수의 깊은 저변에 수치심이란 감정이 도사리고 있다는 것을 알 수 있었다. 유아 시절부터 무엇을 해도 만족하지 않는 부모의 모습과 늘 자기 방에 들어와 흠잡을 곳을 찾고 있는 부모의 눈빛이 마음속 깊은 곳에서 자신을 사로잡고 있는 족쇄로 자리 잡게 된 것이다. 그 결과, 이제는 아무도 없을 때도 스스로가 감시자가 되어 자신을 채찍질하고 있었다.

H선수의 경우 자기 자아상을 끔찍할 만큼 형편없고 징그럽다고 생각하고 있었는데, 이를 다른 불결한 사물과도 연결시키고 있었다. 약간 복잡한 무늬를 갖고 있는 물건이나 체크무늬 가방 등을 보면, 그런 역겨운 것에 대해 자신과 동일시하였다. 강박과 결벽이라는 감옥에 갇히면 자유를 잃게 된다. 모든 생각은 흑과 백이고, 극단적인 강함이나 절망적 우울이라는 감정의 양극을 경험하며 표류하게 된다. 사방을 둘러봐도 꽉 막힌 벽이어서 빠져나갈 출구가 보이지 않는다. 매일 반복되는 감옥같은 삶이 계속되면 죽음을 생각하게 되기도 한다. 여러 가지 이유가 있겠지만 내가 만나서 확인한 것은 H선수가 경험한 세계가 상당히 좁다는 것이었다.

어릴 때부터 같은 방식과 이유로 훈계를 당했고, 자신이 속한 세계에서는 흑과 백, 잘하고 못하는 것 밖에 없었다. 오직 자신이 인정받기 위해서는 실패를 해서는 안되었고, 그런 세계관이 습관화되어 완전히 H선수의 내면에 자리 잡았다.

　꽤 견고한 세계가 구축되어 있었기 때문에 H선수를 만나는 시간이 길어졌다. 6개월 동안 만나서 우리는 실패에 대해 많은 이야기를 나누었다. 실패에 대한 경험, 실패에 대한 생각, 실패를 극복한 이야기, 실패가 우리에게 주었던 치욕감 등에 대하여 깊은 대화를 나누었다. 과정에서 실제로 일어나는 실패의 순간에 드러나는 감정에 대해 다루기도 했다. H선수의 부모님은 그가 좋은 성적을 거두어도 짧은 축하를 해주었을 뿐 격한 피드백을 하진 않았다. 이를 고려하여 너무 자주 겪는 성공 경험에 대한 강화를 하지 않았다. 일상적인 생활에서 유연하고 편안하게 살 수 있게 도와주는 쪽이 선수의 숨통을 트이게 할 것이라고 판단했기 때문이다. 과도한 상담사의 질문도 선수에게 답답하게 느껴질 수 있기 때문에 상담사 자신이 먼저 상담이라는 선입견을 벗어 버리고 선수의 흐름에 따라 상담을 유연하게 진행하는 것이 필요했다. 때로는 H선수가 상담을 거부하기도 했고 대화를 중지하기도 했다. 하지만 이 모든 시간을 견뎌주고 버텨주면서 끝까지 그의 모습 자체를 위로해주고 사랑해 주는것만이 변화를 볼 수 있는 유일한 길이라 믿으며 그 시간에 함께 기도했다.

과거에도 H선수는 많은 상담사를 만나서 상담을 받은 경험이 꽤 있었지만, 상담 중반쯤이 되면 상담사를 바꾸거나 그만두는 일들이 많았다. 선수와 선수의 가족이 기대하는 높은 기준을 충족시키는 상담사를 만나기가 어려웠기 때문이다. 나의 경우 24회의 만남 이후 먼저 상담 중단을 요청했다. 선수의 문제가 충분히 해결 되었다고 믿었고, 스스로를 믿고 신뢰할 수 있는 선택권을 부여해 주는 것이 앞으로 성장과 건강에 좋을 것이라고 판단했기 때문이다.

물고기를 잡아주는 방법보다 물고기를 잡는 방법을 가르치는 것이 중요하다고 생각했기 때문에 이후의 상담은 결국 스스로 드로잉 할 기회를 빼앗는 것이라 판단했다. 물론 종결 전에 몇 번의 대화를 통해 종결 준비를 시키기는 했지만, 지금까지 상담사가 먼저 종결 요청을 한 적은 없어서 그런지 처음에는 막막해 했고 당황하는 모습을 보였다. 이렇게 나는 H선수에게 마지막까지 많은 실패를 할 기회와 책임을 부여함으로써 상담을 종결했다.

3개월 정도가 지난 뒤였다. 오랜만에 H선수가 '카카오톡' 메신저로 연락을 해 왔다.

자신이 좋아하는 사진들을 보내며 이제는 다른 인생을 살고 싶고, 살기로 결단했다는 것이었다. 선수가 말하는 인생은 한마디로

'그까짓 것 좀 대충 사는 인생'이었다.

잘되진 않지만 견고하게 구축되었던 강박적인 성공 세계관에 금이 가기 시작했던 것이다. 여간해서는 무너지지 않을 것 같았던 그 둑이 무너지고 예측할 수 없는 파도를 몸으로 느끼고 싶어 하는 H선수의 마음이 나에게 고스란히 전해졌다. 태어날 때부터 성공을 해야만 했던 선수의 삶과 가치관은 이제야 조금씩 변하기 시작했다.

어떤 전문가들은 강박증과 결벽증은 정말 고치기 어려운 병이라고 말하지만, 우리는 그것을 병의 관점에서 다루지 않았으며 그 억압과 족쇄를 느슨하게 만드는 일에 성공했다. 언제일지는 모르지만 그는 반드시 더 큰 자유를 얻고 해방을 쟁취할 것이다. 이제 그가 부모와의 그늘에서 벗어나 스스로 선택하고 책임지는 길을 걸어가길 바란다. 무수한 실패와 선택들을 경험하며 그동안 스스로 만들어 온 감옥의 문을 부수고 나와 넓은 세상을 맛보며 자유롭게 되기를 원한다. 그런 발걸음을 시작한 H선수와 그 가족을 이제는 먼발치에서 응원한다.

실패와 실수하기

심각한 완벽주의와 강박증에 걸려 큰 고생을 하고 있던 한 주부가 우연한 기회에 아프리카에 가서 자신이 통제할 수 없는 환경들을 경험하며 치료 되었다는 이야기를 들은 적이 있다. 모든 것을 스스로 컨트롤 하려는 자기 문화에서는 변화가 일어나기 쉽지 않았지만, 새로운 곳에 노출되어 자신의 뜻대로 되지 않고 자주 실패하는 경험을 통해 치료가 일어난 것이다. 운동선수들도 마찬가지다. 그들 또한 실패할 기회를 최대한 자주 얻어야 한다. 실패는 사람을 성장시키고 크게 한다. 잦은 좌절과 실패로 노출된 수치심과 죄책감 등의 노출은 자기정체성을 찾기 위해 반드시 직면해야 하는 감정이다. 이런 기회들을 빼앗는다면 선수들은 성장할 기회를 잃게 된다.

타인으로 인해
흔들리는 화살

양궁선수 P군은 청소년 국가대표로서, 고1 때 큰 국제대회에서 금메달을 딴 양궁 최고 유망 선수이다. 그런데 대학진학과 실업 진출을 앞둔 고3이 된 P군에게 누구에게도 말하지 못할 고민이 생겼고, 그 고민을 스스로 해결할 수 없어 상담실 문을 두드렸다. 어느 순간부터인가 누군가 지켜보고 있으면 과녁에 화살을 맞힐 수 없게 된 것이다. 이런 현상이 심해져서 대회가 아닌 연습 때도 나타났는데 사대 근처에 청소하는 아주머니가 있는 것만으로도 수행에 집중하지 못하는 일이 일어났다. 지도자와 함께 자세와 기술 등의 변화를 주며 극복해 보려 했지만 좀처럼 나아지지 않아 다가올 중요한 대회를 앞두고 상담을 하러 온 것이다.

상대적으로 다른 사람들과 상호작용을 하거나 사회생활하기를 두려워하는 사람들이 있다. 주로 자신이 관찰 당하는 상황이나 다른 사람 앞에서 무언가를 수행하는 상황에서 나타나는 현상인데, 부정적인 평가 또는 모욕과 경멸을 받지나 않을까 하는 두려움에서 비롯된다. 이런 증상이 나타나게 되면 인간관계를 회피하거나 사람이 많은 장소에 가지 않으려 하게 되며 모든 관계에서 고립될 수도 있다. 자신이 사람들에게 노출되면 극심한 불안감이 생기기 때문에 불안함 자체를 피하기 위해 사람까지 피하게 되는 것이다. 많은 관중들에게 노출되는 양궁이라는 종목에서 이런 증상이 나타나면 당연히 큰 영향을 미치게 된다. 이런 사람들은 선천적으로 예민한 기질을 갖고 있거나 통제하지 못하는 상황에 대해 타인보다 민감하게 반응하는 경향이 있다.

P군은 첫 면담에서부터 순순히 자신이 갖고 있는 문제에 대해 털어놓았고 가급적이면 빨리 고치고 싶다는 의사를 표현했다. 상담 중 나에게 인상적이었던 점은 P군이 상담사에 대해 자주 판단을 한다는 것이었다. 자신감이 없다는 말을 하면서도 자신이 이 영역에서 왕과 같은 존재라는 말을 하기도 했고, 자기를 위협할 경쟁자가 없다는 말도 했다. P군의 말을 분석한 결과, 그의 높은 자기애적 사고를 확인할 수 있었다. 탐색 초반기를 지나면서 타인

이 자신을 바라볼 때의 생각과 감정에 대해 살펴볼 수 있었다. 누군가 자신을 지켜볼 때 '나를 비난할 것 같다'라는 생각을 했으며, 그런 생각과 함께 발현되는 감정은 죄책감 이었다.

P군은 집안의 막내로서 귀여움을 받긴 했지만, 어렸을 때 지금의 모습과 다르게 뚱뚱하여 형과 비교를 많이 당하면서 자랐다. 어린 시절부터 눈에 띌 정도의 준수한 외모를 갖고 있던 형은 공부도 잘해서 주목을 받았다. 부모님도 이런 형을 보물 같이 여겼는데, P군은 그런 형을 부러워하기도 하고 질투도 했다.

그러던 어느 날 P군은 아버지를 따라 양궁장에 가게 되었는데, 왠지 양궁이 좋아 아버지를 졸라 초등학교 때부터 양궁을 시작했다. 그런데 공부만 했을 때는 별로 자기에게 관심을 가져주지 않던 부모님이 운동을 시작하자 조금 더 관심을 보이곤 했으며, 작은 대회에서 입상이라도 하면 자기를 인정해주고 칭찬도 해주곤 했다. 중학교 때 양궁실력이 성장하고 자주 큰 대회에 입상하면서 가족의 관심을 독차지하기 시작했다. 특히 아버지의 건강이 안 좋아지면서 경제적으로 어려움이 생기자 가족들은 빨리 실업팀 선수가 돼서 집안에 도움이 되기를 기대하면서 온통 P군에게 관심이 집중되었다. P군도 그런 관심이 싫지 않았다. 좋은 성적과 주변의 주목과 관심은 한때 P군이 형과 비교당하며 느꼈던 열등감과 자아상을 가리는 좋은 방편이 된 것이다. 운동으로 인해 자신감이 생기자 외모도 관리하기 시작했고 지금의 멋진 모습이 되었다.

증상의 발현은 고등학교 때 일어난 중요한 사건 이후로 생겨났다. 1학년 때 큰 대회 입상 후 많은 사람들에게 기대와 관심을 받고 있다가 갑자기 치명적인 실수로 인해 성적이 하락하자 전보다 많은 충고와 질책을 받게 되었던 것이다. 이때 P군이 느꼈던 죄책감은 자신이 어릴 때 느꼈던 그 감정과 비슷했다. 쥐구멍에라도 숨고 싶은 마음에 사람들을 마주치기 싫었고, 누군가 자신을 지켜볼 때마다 자신을 비난하는 소리가 들리는 듯했다.

타인보다 민감하고 자신이 통제하지 못하는 것에 대해 예민한 사람들은 자율신경계 활동이 불안정하여 다양한 자극에 쉽게 분리되는 경향이 있다는 주장이 제기되고 있다. 이들은 수줍음, 사회적 불편함, 위축과 회피, 낯선 사람에 대한 두려움과 같은 기질적 특성을 지니는 경향이 있다고 여러 연구에서 밝히고 있다.

심리학자들에 의하면 이런 기질을 가진 사람들은 자신이 다른 사람에게 호감을 주지 못하는 사람이라는 뿌리 깊은 믿음을 지니고 있고, 부정적 자기 평가를 갖고 있다고 한다. 즉 타인의 평가를 중요하게 여기고 타인으로부터 인정과 사랑을 받기 위해 완벽한 모습을 보여주려고 애쓴다는 것이다. 또 자신에 대해서 비판적이어서 사소한 실수에도 자기 자신을 경멸하기도 한다. P군에게도 자신은 늘 자신이 주목받아야 하는 존재이며 사랑과 인정을 독차지해야 한다는 굳은 신념이 존재하고 있었다. 자신에게 향하는 타인의 관심과 평가가 거울이 되어 자기 모습을 비추게 되어버린 것이다.

상담 과정에서 이런 패턴을 찾아내고 불안과 수치심에 대해 반복적으로 다루었다. 과대한 모습으로 자신을 가렸던 정서와 행동 패턴들을 직면하게 했다. 또한 수행 상황에서 나타나는 감정 처리를 위해 바이오피드백 호흡 훈련을 통해 강한 불안감이 나타날 때는 호흡을 통해 조절하는 훈련을 병행하였다.

자아상과 세계관도 다루었다. 자기를 지나치게 사랑한다는 것은 있는 그대로의 자기를 받아들이지 않고 무언가로 포장하고 있다는 뜻이기도 하다. 반대로 극심한 절망 가운데 있는 것은 자아상이 심하게 위축되어 찌그러져 있음을 뜻하기도 한다. 올바른 자기 포지션을 찾지 못하면 자아상은 변동되고, 움직이는 자아상으로 인해 혼란을 겪게 된다. 또한 타인이 자신을 대하는 것에 극심한 영향을 받게 되어 타인의 반응과 행동에 따라 자신의 모습도 같이 흔들리게 되는 것이다. P군의 경우 사람을 두려워하였는데 늘 자기 자신보다 타인이 중요했다. 가까운 사람에게 질문해서 답을 받아 내거나 스스로 결정해야 할 일들까지 타인이 결정하도록 선택권을 쉽게 내어 주었다. 자신이 아닌 타인을 자기 삶의 주인 자리에 쉽게 앉히곤 했던 것이다. 그런 선택으로 인해 타인에게 받은 상처도 많고 대인관계에 대한 의존심도 높아져만 갔다. 이런 악순환은 곧 잘 다양한 부정적인 감정과 연결되어 나타나곤 했다.

특히 우리는 상담 과정에서 스스로와 타인을 지나치게 통제하려고 하는 성향과 선수의 자기애적인 모습에 대해 집중적으로 다루었다. 전반적인 상담 과정에서 타인보다 자기 모습과 내면에 대해서만 집중하고 몰두하던 P선수는 조금씩 자신을 이해하게 되면서 자신이 아닌 타인으로 시선을 옮겨 갈 수 있게 되었다. 타인에게 공감하지 못했던 정서가 조금씩 변화되어 타인의 아픔이나 고통에 대해 느낄 수 있게 되자, 자신의 연약함에 대해서도 훨씬 더 많은 인정을 하게 되었다. 그런 과정은 선수의 통제력을 약화시켰고, 모든 것을 지배하고 컨트롤해야 된다는 사고방식에서 서서히 벗어날 수 있게 했다. 자연스럽게 자신의 뜻대로 되지 않을 때마다 했던 음주 습관에서도 벗어날 수 있었다.

선선한 바람이 불던 가을날, P선수에게 한 통의 전화를 받았다.

"선생님 이제 시합에 들어가요. 편안하게 쏘고 나올게요."

나는 전화를 받고 나서 티비 앞에 앉아, 수없이 흔들렸던 자아 상처럼 번번이 과녁을 벗어나던 화살이 안정적으로 목표에 안착 하길 바라는 마음으로 P선수를 응원하고 있었다.

자아상이 쉽게 변하지 않는다는 것을 알지만, 잠시 스쳐 지나 간 만남에서 조금이라도 긍정적인 자기 모습을 바라볼 수 있게 되었기에 그것으로 만족했다. 그날 모든 화살은 과녁의 중앙을 향 해 날아갔다. 빗나가지 않은 화살에서 그가 얼마나 건강해졌는지 생생하게 느낄 수 있었다.

다양한 문화를 배우고 타 문화와 교제하기

운동선수들은 긴 훈련 시간과 잦은 대회로 인해 타인과 교류하 거나 교제할 시간이 적다. 또한 다른 분야에 대해 경험하고 체 험해 볼 시간이 없으며, 다양한 사람들의 가치관과 삶을 접해 볼 기회가 없다. 이런 환경들이 삶을 통해 지혜를 획득해야 하 는 청소년 운동선수들의 사고 확장에 방해가 된다. 외국의 경 우, 청소년 시기부터 타 분야에서 자원 봉사를 함으로써 다른 분야에 대한 간접 경험들을 하게 된다. 이런 경험은 비단 직업에 대한 정보 획득 뿐 아니라, 상호작용과 교류로 인한 인성의 성장과 세계관의 확장으로 이어지는 중요한 활동이다. 우리나라 운동선수도 내적 성장을 위해 다양한 문화와 교류하게 하는 것이 필요하다.

진짜 고백

테니스 선수인 D군의 머릿속에는 운동에 대한 생각뿐이다. 부모님의 권유로 테니스를 시작했는데 그동안 대회 성적이 좋아 인정도 많이 받았고 기쁜 일들도 경험했기 때문에 운동은 그에게 가장 즐거운 일이 되었다. 훈련이 끝나고 집에서 쉬는 시간에도 운동 수행 중 실수했던 동작과 자신이 잘해내지 못한 부분에 대해 복기를 할 만큼 운동에 심취해 있었다. 체육중학교에 입학한 D군은 친구들과도 곧 잘 어울렸고, 쉬는 날에는 친구들과 한강에서 자전거 라이딩을 하는 등 행복한 나날을 보내고 있었다. 성적도 좋아 중학교 3학년 때는 여러 대회에서 우승을 하기도 했다.

그러던 어느 날 여느 휴일과 다름없이 친구들과 자전거 타고 있었는데 선두에 있던 D군이 넘어지면서 뒤따라오던 4명의 친구들이 줄줄이 넘어졌다. D군은 사고로 인해 팔이 골절되었고, 친구들도 크고 작은 부상을 당했다. 이후 치료비와 보험 처리 문제로 부모들끼리 갈등이 생겼고, D군은 친구들과 서서히 멀어지게 되었다. 또 처음 겪어 본 대인관계 갈등과 치료 때문에 운동을 잠시 중단해야 했는데, 지금까지 느껴보지 못했던 불안감이 엄습하기 시작했다. 그러나 진짜 어려움은 치료 이후에 시작되었다. 치료를 마치고 고등학교 진학 이후 처음 열린 대회를 앞두고 극심한 불안감과 여러 잡생각으로 불면증을 호소하게 된 것이다. 도무지 멈추지 않는 생각 때문에 훈련에도 집중하기 어려워졌으며, 세상에서 가장 사랑하는 테니스에 대한 흥미도 점차 떨어졌다.

현대사회에서는 많은 사람들이 원치 않는 방식의 생각이 침투하는 현상을 경험하고 있다. 이런 현상은 대부분의 사람에게 뚜렷한 불안과 고통을 초래하는 반복적이고 지속적인 관념, 사고, 충동 또는 심상으로서, 특히 최근에는 아동, 청소년들에게 흔하게 나타나고 있다. 그러나 많은 학부모들은 이러한 현상이 청소년들에게 깊숙히 들어왔다는 것을 제대로 인식하지 못하고 있다. 최근 유니세프 청소년 심리 보고서에서 청소년이 사망하는 이유 중 6번째가 자살임을 통계 자료로 제시한바 있다.

스스로 멈출 수 없는 침투적 사고는 스스로에게 굉장히 괴롭다. D군 역시 이 부분을 가장 괴롭다고 호소하였다. 상담을 진행하며 D군의 가족에 대해 들을 수 있었는데, 경호원 출신인 엄격한 아버지와 조용한 성격의 내성적인 어머니는 D군이 어렸을 때부터 의사소통을 많이 하지 않았다. 중간 정도의 성적이었던 초등학교 시절에 그는 공부를 좀 더 잘하라는 훈계를 많이 들었으며, 칭찬과 인정은 거의 받지 못했다. 힘든 일이 있어도 꾹 참았으며, 감정적인 표현을 부모님께 하지 않았다. 몇 번인가 부모님에게 자신의 감정을 표출해 본 경험이 있지만, 부모님의 피드백이나 공감은 항상 단답형으로 돌아왔다. 이런 경험을 통해 D군과 부모님과의 대화도 단절되었다.

평소처럼 학교에 다니던 어느 날, 초등학교 운동회에서 달리기 선수로 나선 D선수는 특유의 민첩함으로 좋은 성적을 거두었다. 그 모습을 본 담임선생님은 D군의 재능을 확인하고, 학교에서 인기가 많았던 테니스 부에 가입할 수 있도록 부모님께 추천하게 되었다. D군의 아버지는 처음으로 D군에 잘했다는 말을 해준 날이었다. 그렇게 D군이 운동을 시작하게 되었던 것이다.

이후 D군은 운동에서 두각을 나타내면서 다른 인생이 펼쳐졌다. 칭찬 한번 받아 보지 못했던 인생이 기대와 인정, 칭찬의 대상으로 뒤바뀌게 된 것이다. 그런 작은 인정과 칭찬들이 D군을 즐거운 마음으로 훈련하게 하였고, 잘하는 것에 몰두하게 만든 큰 동력이 되었다.

처음 D군을 만났을 때 느낌은 탄탄하고 강인한 느낌이었다. 말을 적극적으로 많이 하진 않지만 자기주장도 강하고 표현할 부분에 대해 확실히 표현하는 모습을 보여 위에서 언급한 내용을 토대로 D군이 감정을 표현하지 않고 억압하면서 살아왔으며, 회피 방법으로 많은 양의 독서를 하고 있음을 알 수 있었다. 대체로 강박 사고를 가진 환자들은 의심도 많다. 또 많은 생각이 침투하여 자신이 하는 생각들이 무조건 옳다고 믿는 경우가 있다. 처음 보는 사람에게 경계심을 갖기도 한다. 이들은 상담사에 대한 기준점이 매우 높아 관계 설정을 위한 초기 상담 과정이 매우 중요하다.

D군도 초기 상담과정에서 어려움이 있었지만, 책을 많이 읽은 습관 덕분에 설명을 잘 이해하였고 상담 과정에 대한 소화가 빨랐다. 매 단계마다 여러 가지 감정을 보고 다루며 신기해하기도 했고, 감사함을 표현하기도 했다. 상담 중반부가 지나면서 아버지에 대한 감정을 다룰 때 가장 힘겨워하였는데, 그동안 억눌러 왔던 분노와 적개심 등이 솟구쳐 나오며 오열하기도 했다. 더불어 청소년 시절에 만났던 폭력적이고 잘못된 권위를 행사하던 지도

자에 대해서도 처음으로 털어 놓았다. 그렇게 어려운 시간을 함께 하며 한 계절이 지나가자 증세가 많이 호전되기 시작했다. 불면증도 사라지고 침투하던 강박적인 생각들도 줄어들었다. 감정을 정리하며 어린 시절부터 습득한 자신의 의사소통 방식에 대해서도 알게 되었고, 가장 힘든 부모님을 용서하는 일도 일어났다. 인정을 받기 위해 시작했던 테니스를 진심으로 사랑하는 방법들을 배우게 된 것이다.

선수들이 가장 기다리는 대회 중 하나인 소년체전은 매우 중요한 대회이다. 전국에서 가장 큰 규모인 이 대회에서 새로운 스타들이 등장하여 마지막 퍼포먼스를 완성하기도 한다. 뛰어난 선수들이 많은 까닭에 소년체전 1등은 미래의 올림픽 꿈나무라는 통념이 있을 만큼 선수들에게는 경쟁이 심한 대회이다.

이듬해 소년체전에서 D군의 눈은 관중석을 향해 있었다. 늘 긴장감 때문에 부르지 못했던 부모님을 초대한 것이다. 가족들이 지켜보자 평상시 훈련했던 감정 조절이 어렵긴 했지만 자신을 사랑해주는 사람들이 있다는 생각으로 D선수는 더욱 당차게 라켓을 휘둘렀다.

스위스의 상담가인 폴 트루니에는 그의 저서에서 표현의 중요성에 대해 강조한다. 그는 표현하지 못한 정서들이 정서적 아픔은 물론 육체적 질병에까지 영향을 준다고 했다.

누군가와의 대화 중에 진짜 자기를 표현하는 경우들이 종종 있는데 그럴 경우 불면증이 사라지기도 하고 소화 장애가 개선되기도 한다. 한 중학교 학생과 면담을 할 때였다. 학생은 누구에게도 말하지 못했던 은밀히 숨겨 놓은 자신의 죄책감에 대해 고백하면서 얼굴의 실핏줄이 터지듯 벌겋게 달아올랐다. 힘든 이야기는 근육 경련이 일어날 만큼 남에게 표현하기 어려운 일이다. 그러나 그런 고백 이후 오랜 시간 시달리던 불면증에서 해결되었고, 이후 자잘한 감정 표현을 조금 더 유연하게 하기 시작했다. 이렇듯 기본적인 의사소통 능력만 갖추더라도 다양한 스트레스와 어려움에서 벗어날 수 있다.

스포츠 문화는 대체로 억압된 문화이다. 표현을 하면 구박을 당하고 질타를 당하는 전통들이 예전만큼은 아니지만 여전히 남아있다. 힘든 감정을 억눌러 놓는 선수들에게 다양한 아픔들이 생기는 이유는 이런 문화의 영향과도 무관해 보이지 않는다.

자유를 꿈꾸기 위해 신체를 아름답게 표현하는 운동을 업으로 선택한 선수들이 아이러니하게도 다른 영역에 있는 사람들보다 더 큰 억압을 할 수밖에 없는 현실에 노출되어 있는 것이다. 작지만 효과적인 의사소통 교육들이 필요한 이유이다.

집단상담

선수들은 집단상담을 통해 좋은 대화를 나눌 수 있다. 어린 시절부터 공감과 지지를 받지 못한 선수들은 집단 내에서 자신이 받아들여지는 경험과 타인과 자신을 존중하고 수용하는 경험을 할 수 있다. 여러 개의 좋은 거울들이 나를 잘 비춰주면, 나에 대해 발견할 수 있고 표현할 수 있게 된다. 이런 것들은 스스로 용납하지 못했던 나의 감정들과 경험들을 화해할 수 있게 촉진해 주는 역할을 하게 된다. 집단은 10명이 넘지 않는 것이 좋고, 긍정적인 측면에 중점을 두고 자유롭게 토론하는 것이 좋다. 집단상담사는 유능하고 인간관계의 복잡한 과정에 대해 잘 훈련받은 사람이어야 한다.

강원스포츠과학센터 심리 밀착지원 현장

1%의 우정

첫 만남부터 모습에서 강한 임팩트를 주었던 선수가 있었다. 보라색 머리에 휠체어를 탄 아줌마 운동선수가 문을 열고 천천히 들어왔다. 장애인 사격부문 간판 선수 K였다. 그녀의 호탕한 웃음소리와 밝은 에너지는 늘 나를 즐겁게 해 주었는데, 상담 시간이 언제 끝나는지 모르게 훌쩍 지나가곤 했다. 그만큼 K선수와 나는 호흡이 잘 맞았던 것 같다.

어린 시절 시골마을에서 자란 K선수는 열병으로 언니를 잃었다. 장례를 치르고 얼마 안 되어 K선수도 같은 병에 걸렸는데 새벽 시간에 급속도로 상태가 악화되었다.

기절한 채 미동도 하지 않자 부모님은 K선수 역시 열병으로 죽은 줄 알고 다음날 장례를 치르기 위해 잠시 세마포로 덮어 놓았다고 한다. 이튿날 아침에 작은 신음을 내지 않았더라면 그대로 땅속에 묻힐 뻔했던 것이다.

K선수는 이후 가까스로 건강을 회복했지만, 이때 생긴 후유증으로 두 다리를 사용하지 못하게 되었다. 보통 사람 같으면 충격으로 인해 집 밖을 한동안 나가지 못했을 텐데 타고난 낙천성으로 위축되거나 기가 죽지 않았다. K선수는 불굴의 의지로 마을에서도 유명했다. 장애에도 불구하고 다양한 시도를 했는데, 일요일이면 몇 킬로미터 이상 떨어져 있는 교회에 기어서 다니기도 했고, 밖에 나가고 싶으면 언제라도 불구의 몸을 이끌고 당차게 나다니기도 했다. 장애에 위축되지 않는 그녀를 보고 다른 마을 사람들은 칭찬을 아끼지 않았다. K선수의 이런 성격에는 장애에도 불구하고 밝고 긍정적이게 키우고자 했던 어머니의 뒷바라지가 있었다. 늘 무언가에 도전하고 시도할 수 있었던 것은 자기를 지지해 주는 든든한 후원자인 어머니 덕분이었던 것이다.

활발했던 소녀는 어느덧 중학생이 되었다. 이 소녀 선수에게 시골 마을은 너무 좁았다. 그러던 어느 날이었다. 시골 교회 목사님을 통해 좋은 기회를 얻었다. K선수에게 서울에서 학업할 수 있도록 숙박과 학비를 제공하겠다는 제안이었다.

넓은 세상을 경험해 보고 싶었던 K선수는 아버지의 극심한 반대에도 불구하고 뜻을 이룰 수 있었다. 딸이 다양한 경험을 하기 바라는 어머니가 아버지를 설득한 것이었다. 가까스로 서울로 상경할 수 있었지만, 어린 K선수가 남의 집에서 생활하는 것은 쉬운 일이 아니었다. 하지만 K선수를 딸처럼 보살펴 주던 목사님과 사모님 덕분에 서울생활에 안착할 수 있었다. 그분들의 소개로 작은 공장에서 일을 하며 나름대로 자리를 잡을 수 있게 되었다. 직장인으로서의 삶이 익숙해지면서 소녀는 어느 덧 성인이 되었다. 힘든 순간들도 있었지만 그럴 때마다 늘 찾아오는 작은 위로들이 있었다. K선수의 기억 속에 아직도 반짝이는 기억은 그녀의 25번째 생일날 있었던 일이다. 그날따라 유독 몸이 피곤해서 겨우 집으로 돌아왔는데, 집 앞에 낡은 차 한 대가 문 앞을 가로막고 있었다. 대문을 막고 있는 자동차에 짜증을 내면서 집으로 들어갔는데, 목사님 내외는 미소를 지으며 키 하나를 건네주는 게 아닌가?

"이게 이제부터 너의 두 발이 되어 줄 거야."

밖에 있던 낡은 자동차는 목사님 내외분이 K선수에게 주는 마음의 선물이었다. 이런 사랑은 장애인으로서의 K선수의 힘겨운 삶을 잊게 만들어 주었다. 이렇게 인생 곳곳에서 만난 좋은 사람들이 선수가 갖고 있는 타고난 밝은 모습을 더욱 강화시키는데 일조했다.

그로부터 몇 년 후였다. 직장생활을 하다 우연히 접하게 된 장애인 체육 활동에서 자신도 몰랐던 뛰어난 재능을 발견하게 되었다. 사격에 관심을 갖고 참여하던 중 예상치 못한 좋은 기록이 나왔고, 사격에 몰입하는 순간이 매우 즐겁다는 것을 알게 되었다. 이후 체육회의 권유로 K선수는 직업 전향을 하게 되었는데, 사격선수로 첫 발을 내딛는 그 선택이 자신을 평생 사격과 떼려야 뗄수 없는 사이로 묶게 될 줄은 알지 못했다고 했다.

무엇이든 시작하면 끝을 보는 K선수의 특성과 기질은 운동에서도 발현되었다. 뛰어난 선수가 되기 위해 매일 6시간 이상 사격 훈련에 매진하였고 남들보다 더 많이 노력했다. 처음에는 성과가 쉽게 나지 않아 힘든 순간도 있었고, K선수의 급성장을 질투하여 그녀의 특이한 자세를 헐뜯고 시기하는 사람들때문에 스트레스를 받아 사격을 그만둘 뻔한 고비도 있었다. 하지만 운동이 주는 즐거움이 오랜 시간을 버티게 했으며, 서서히 사격선수로서 두각을 나타내기 시작했다.

재능과 훈련량 덕분에 K선수는 실력이 급성장했다. 모든 대회에서 상위권에 랭크되었으며, 결국 국가대표 사격선수로 발탁되어 전 세계를 누비게 되었다. 생활도 이전보다 훨씬 안정적이 되었다. 이제야 자신에게 딱 맞는 옷을 찾아 입은 것 같았다. 스포츠가 K선수의 인생에 빛이 된 것이다.

늘 노력하고 실력 있는 선수에게도 슬럼프가 오는 경우가 있다.

K선수 또한 출중한 실력을 가진 베테랑 선수였지만, 어느 날인가부터 영문도 모르게 급속도로 실력이 추락하는 시기가 있었다.

항상 잘해야 한다는 생각과 쉴 틈 없이 훈련을 하는 것에는 변함이 없었는데, 어느 순간부터 그런 방법들이 더 이상 통하지 않게 된 것이다. 남들보다 강도 높은 훈련을 오래해도 벗어날 수 없는 슬럼프 앞에서 많이 울기도 하고 좌절하기도 했다. 이런 고민이 생기자 우울감이 나타났고, 남에게 말 못할 감정은 눈물을 통해 상황과 상관없이 흘러나왔다. '울보선수'라는 별명이 K선수에게 붙었을 정도였다.

우울감은 쉽게 해결되지 않았다. 주변에 좋은 동료들이 있었지만, K선수의 성격상 자신의 고민을 털어놓는 것이 동료들에게 피해가 갈까봐 스스로 해결하려고 했던 것이다. 이런 어려움이 지속되자 지도자가 권유하여 상담을 시작하게 되었다.

우울감은 흔히 갱년기에 나타난다. 호르몬의 급격한 변화는 선수들에게 당혹감을 줄 때가 많다. 특히 장애인 운동선수들의 경우, 대부분 늦은 나이에 운동을 시작하기 때문에 급진적인 호르몬 변화로 인해 우울한 정서를 깊게 경험할 수 있다. 이런 감정이 지속되면 동료나 가족과의 소통이 좋은 치료제가 될 수 있다.

나이 많은 선수들을 대상으로 상담하는 것은 쉬운 일이 아니다. 나보다 나이도 많고 경험도 많은 사람들을 상담한다는 것이 어디 쉬운 일이겠는가? 그들의 삶의 지혜가 언제나 나보다 뛰어나기 때문이다. 상담을 하기 위해 K선수를 만나보니 오래되지 않아 공통점을 발견할 수 있었다. 한번 시작한 것을 깊게 파는 성격이 바로 우리가 갖고 있는 공통점이었다. 나의 경우에도 모든 면에서 그렇게 하는 것은 아니지만 사람에 대한 공부에서는 K선수가 사격을 대하는 것만큼 진지하게 했기에 K선수의 마음을 잘 공감할 수 있었다. 우리는 이런 공통점을 놓고 대화를 하며 쉽게 친해졌고 더 깊은 주제로 이야기를 발전시킬 수 있었다. 잘하려는 마음 안에 도사리고 있는 각자의 내면에 있던 '교만'이라는 감정에 대해서도 심도 깊게 다룰 수 있게 되었다.

어느 분야에서든 최고의 위치에 있을 때 자신이 제일 잘한다는 생각이 자신감을 주기도 하지만, 타인을 무시하고 판단하게 하는 교만의 지점으로 사람을 끌고 갈 수도 있다. 교만한 정서 상태에 있으면 타인의 어려움이나 마음을 잘 공감하기 어렵고, 타인에 대한 관심이 줄어들며, 오직 자신의 성과와 정서에만 귀를 기울이게 된다. 이런 패턴이 장기화되면 자기에게 몰두하고 집중하게 되어 자신의 상태가 어떠한지 잊게 되는 암흑의 상태에 들어가게 된다. 교만은 암덩어리와 같이 서서히 커져 자신의 삶과 타인의 삶을 해치는 악의 존재가 된다.

K선수는 오랜 시간 신체적 어려움과 고군분투하며 자신이 가장 잘하는 것을 찾아 최고의 위치에 올라섰다. 나의 경우엔 오랜 시간 상담 훈련을 받고 상담을 하며 나의 연약함을 마주했고, 나의 직업을 통해 그런 어려움들을 승화시키기 위해 노력했다. 어떻게 보면 이런 일련의 과정들이 잘못되어 보이지 않는다. 그러나 자신의 능력과 직업이 자신의 연약함을 가리거나 자기 정체성을 대체하게 되면 문제는 달라진다.

결국 자신이 하는 일과 직업이 가면처럼 자기를 정직하게 바라보지 못하게 할 수 있게 되는 것이다. 이런 현상이 장기화되면 자신의 그런 모습을 관찰하기 어렵게 되며 자신의 태도가 잘못되었다는 점을 느끼기 힘들어진다. 이런 경우에는 자신이 속한 가정이나 사회 공동체와 소통함으로써 타인이 주는 권면을 통해 문제점을 발견하고 함께 해결해 나가는 것이 중요하다. 다행히 우리의 우연한 만남은 서로에게 거울이 되는 역할을 하게 하였고, 우리는 서로를 통해 각자의 연약함을 확인할 수 있었다.

우리는 6개월을 함께 울고 웃으며 긴 모험을 했다. 패럴림픽이라는 큰 대회를 앞두고 다양한 감정과 생각을 정리해야 했고, 계속 시합에 나가 자신과의 싸움을 해야 했다. K선수와 함께 그녀의 모험에 동참하며 누구보다 행복한 운동선수의 삶이 어떤 것인지 간접적으로 경험해 볼 수 있었다. 서로에게 힘이 되어주는 순간을 함께 하며 서로가 서로를 비춰주는 가까운 친구가 된 것이다.

비 오는 어느 날, 큰 대회를 앞둔 K선수를 찾아갔다. 날씨만큼 컨디션이 좋지 않았지만, 선수가 항상 내뿜는 좋은 에너지들을 기대하며 여행을 하듯 먼 거리를 단숨에 달려갔다.

사격장에서 다시 만난 K선수의 머리색깔은 강렬한 노란색으로 바뀌어 있었다. 내가 사격장에 들어서자 노랑머리를 한 K선수가 나를 향해 활짝 웃어주었다. 세상에서 가장 행복한 그녀의 웃음이 피로했던 나의 마음을 씻어 주었다. 사대에서 희망을 발사하는 모습과 그녀의 웃음은 스포츠 문화를 밝게 비추어 힘들어하는 장애인 청소년들에게 희망이 될 것임이 틀림없다. 많은 선수들이 그녀처럼 행복한 웃음을 짓게 되길 바란다.

팀에서 좋은 동료 만나기

과거 맨체스터 유나이티드 선수였던 박지성을 이야기를 할 때 떠오르는 사람이 있다. 바로 그의 친구인 페트릭 에브라이다. 팀에서 자신의 속 깊은 이야기를 할 수 있는 친구는 중요하다. '사람은 혼자 걸을 때는 빨리 갈 수 있지만 함께 걸을 때 멀리

갈 수 있다'라는 격언을 기억할 필요가 있다. 신체적인 피로로 쌓인 노폐물에 대해서 선수들은 다양한 방법을 통해 해소하지만, 정서적으로 쌓인 스트레스와 노폐물들은 잘 처리하지 않고 그냥 지나간다. 매번 운동 현장에서 상담사를 찾아 상담하기 어려우므로, 좋은 친구를 사귀고 그 친구와 속 깊은 이야기를 나누는 것이 정서 회복에 좋은 영향을 줄 수 있다. 전쟁에서 만난 동료를 전우라고 하지 않나. 전쟁과도 같은 스포츠 현장에서도 좋은 전우를 만나야 한다.

국가대표 사격선수 지원 및 장애인 국가대표 심리지원

영혼의 넝쿨,
게으름

농구선수 B군은 재능은 있지만 성실성이 부족하고 끈기가 떨어진다는 평가를 받는다. 훈련은 물론 학업과 관련된 부분도 항상 작심삼일일 때가 많고, 꾸준히 무엇인가를 성취하기 어려워한다. 휴식기에도 주로 게임에 몰두하는데, 친구들을 만나거나 밖에 나가 돌아다니는 것도 좋아하지 않는다. B선수의 이런 모습에 지도자들은 항상 걱정이 크다. 조금만 더 노력하면 자기 분야에서 최고가 될 수 있는 선수인데, 아무리 말을 해도 꼼짝도 하지 않는 선수의 모습에 속이 타들어 가기만 한다. 그나마 팀 훈련을 할 때는 그럭저럭 쫓아 하지만, 최근 같은 코로나로 인한 팬데믹 시기나 개인 휴가를 길게 받았을 때 훈련 스케줄 관리를 전혀 하지 못한다.

심리학자인 스캇펙에 따르면, 게으름은 심리치료로도 고칠 수 없는 종류의 가장 독한 심리적 문제라고 했다. '작심삼일'이라는 성어가 괜히 생긴 말이 아닐 것이다. 교육학자 존 로크도 '게으름은 가장 나쁜 종류의 성격이며 사물과 사람에 관심을 갖지 않는 기질'이라고 표현했다. 완벽주의의 한 요인인 적당주의라는 표현은 이런 게으름과 연결이 되며 문제해결을 위해서는 적당주의가 무엇인지 살펴볼 필요가 있다.

적당주의는 높은 기준에 도달하지 못하거나 계획한 것을 해내지 못했을 때의 수치심과 죄책감 같은 부정적 감정을 느끼지 못하는 태도이며, 이런 특성 때문에 조바심이나 열정적인 모습을 보이지 않는 것을 말한다. 목표에 대해 열정적인 도전을 하지 않는 것이다. 이런 성향의 사람들은 항상 여유가 있고 편안해 보이며, 경쟁적이지 않기 때문에 주변에 있는 사람들이 오히려 장점으로 여기기도 한다. 그러나 적당주의는 인생에서 어떤 모험과 도전을 하지 않는다는 측면만 보더라도 건강하지 않은 상태임이 분명하다.

미국 출신의 탁월한 상담사인 제이 E. 아담스는 습관을 만들기 위해 최소 3주의 시간 동안 반복적인 훈련을 하는 것이 중요하다는 것을 강조한다. 건설적인 습관과 부정적인 습관을 함께 나열하여 부정적인 습관은 제거하고 좋은 습관은 매일 반복하는 것이 중요하다고 했다. 운동선수들의 경우 모두가 성실하다고 생각할지 모르지만, 익숙해진 습관만을 행하고 평소에는 게으름에 빠져 사는 모습들을 어렵지 않게 찾을 수 있다. 틈만 나면 스마트폰을 들여다보거나 잠들기 직전까지 게임을 하는 것은 게으름이 파생된 모습일 수 있다.

　습관의 특성은 흥미롭다. 좋은 습관을 만들 때는 어렵게 느껴지고 나쁜 습관을 익힐 때는 쉽게 배우는 특징을 갖고 있다. 또한 중요한 습관을 형성할 때 항상 살펴봐야 하는 지점은 게으름과 연결된 감정이다. 좋은 습관 만들기에 실패하는 사람들을 살펴보면, 다른 사례들에서 발견했듯이 감정의 극복을 쉽게 포기하는 경향이 있다. 예를 들어, 반드시 수행해야 하는 상황에서 강렬하게 올라오는 쉬고 싶다는 욕구와 감정에 순식간에 굴복해 버리는 것이다. 이런 성향에서 파생되는 행동은 꾀병, 회피, 자기변명이다.

　상담을 진행하면서 지나치게 높게 새겨진 B군의 기준을 확인할 수 있었는데, 이러한 기준이 새겨진 이유에는 다양한 이유가 있었다. 타고난 성향과 기질도 예민하고 섬세했으며 부모가 새겨준 높은 기준들과 비난의 영향 그리고 문화적 영향을 확인할 수 있었다. 이 세 가지 이유 모두 B군이 적당주의를 따르는데 큰 영향을 주었다.

우선 B군은 태어날 때부터 예민한 편이었다. 어린 아기들 중에 음식을 섭취할 때 유독 예민하거나 촉각이나 후각에 민감한 사람들이 있는데, 이런 유형에 속하는 성향을 타고났다. 게다가 자신과는 다른 부모님의 성향은 B군을 힘들게 했다. 털털한 성격을 가진 부모님의 의사소통 방식은 매번 직설적이었다. 말하기 전에 생각하고 걸러서 표현하는 것이 아니라 생각나는 대로 내뱉는 방식을 갖고 있었던 것이다.

　이러한 부모님의 성향은 예민한 성향의 B군에게 자주 상처를 주었다. 3대 독자인 B군에 대한 기대가 굉장히 높은 것도 부담감을 가중시키는 요인 중 하나였다. 대놓고 무언가 잘하라고 요구하지는 않았지만, 가족들이 자신의 기준에 미치지 못할 때 한 번씩 주는 피드백은 B군을 자주 좌절하게 했다.

　늘 무언가 성취해야 한다는 인상을 자주 받은 B군은 이런 양육 태도 앞에서 큰 부담감이라는 감정을 갖게 되었다. 기준이 높고 부담감이 강했기 때문에 무언가 도전하는 것을 피했고 두려워했으며, 생산적인 일을 해야 할 때 비생산적인 일을 하는 것으로 중요한 일들을 대체하곤 했다. 이런 나쁜 방법들은 금세 습관으로 자리 잡게 되었다. 이런 양상은 B군을 적당주의자로 만들었으며 게으른 사람으로 자라나게 했다.

예민한 성격 탓에 눈치가 빠른 B군의 경우 다른 사람들에게 자신을 있는 그대로 내보이지 않고 자기를 감추는 것도 잘했다. 많은 수행을 할 수 있음에도 불구하고 적당하게 조절하여 교묘하게 사람들을 만족시키는 수준까지만 운동을 했다. 오래 달리기에서 분명히 선두권으로 치고 나갈 수 있지만 중간이나 맨 뒤에서 뛰는 등 지도자의 눈을 속이기도 했다. 중학교 때까지는 이런 식으로 운동을 해도 좋은 성적을 냈기 때문에 누구 하나 간섭하지 않았고, 그로 인해 이런 습관이 눈에 띄거나 문제가 될 것이라고 단 한 번도 생각해 본 적이 없었다.

문제는 고등학교 진학 이후에 나타났다. 고등학교 엘리트 수준의 선수들의 속도와 빠른 성장세 속에서 B군의 문제점은 오래 걸리지 않아 밝혀지게 되었다. 연륜이 있는 학교 지도자는 선수의 교묘한 방식을 파악하게 되었고, 1년이란 시간 동안 선수를 인내해 주었으나, 한 발 더 뛸 수 있으면서도 늘 덜 뛰는 등 B군의 바뀌지 않는 성향을 보고 상담을 의뢰한 것이다.

B선수는 상담에도 의욕이 별로 없었다. 상담까지 받아가며 자신을 고쳐야 한다는 필요성조차 와 닿지 않았던 것이다. 오히려 조바심이 난 쪽은 부모님이었다. 매번 상담실까지 데리고 오는 전쟁을 치르고서야 내 앞에 B선수를 앉혀 놓을 수 있었다.

상담을 하는 중 B선수에게 뿜어져 나왔던 에너지는 무기력함이었다. 이런 무기력함은 상담사인 나에게도 영향을 주었고, 우리의 상담 시간은 언제나 더디게 흘러갔다.

여유 있어 보이지만 내면적으로 섬세하고 디테일한 성향의 내담자들은 상담사와 긴 씨름을 하곤 한다. 타인과 자신을 항상 속여 온 노하우를 상담실에서도 사용하려고 하는 것이다. 이럴 때 상담은 술래잡기 놀이를 하는 것 같다. 진짜 감정을 보려고 하는 상담사와 끝까지 자신을 부인하고 숨기려 하는 내담자 사이의 전쟁은 상담 시간 전체에 걸쳐 나타난다. 이럴 때에는 빠르게 무언가 하려고 하기보다 최대한 시간을 오래 끌며 버텨주는 것이 확실히 효과적이다.

상담사가 일관성을 갖고 정직하게 한 자리를 지키다 보면 내담자들의 거짓이 드러나는 순간을 포착할 수 있다. 물론 이 지점에서 섬세하게 접근하여 다루어 나가야 하지만 그런 허점이 드러날 때 당황하는 모습을 보이면 다음 단계의 상담으로 나아가는데 어려움을 겪게 될 수 있으니 신중한 싸움을 해야 한다.

계속해서 거짓을 말하는 상담 중에서 내담자들이 마음을 여는 순간이 아주 드물게 있으므로 한 순간도 주의 집중을 흐트리면 안 된다. 누군가 잘 믿기 힘든 이들의 상태가 변화하는 시점은 상담사를 어느 정도 믿고 신뢰하게 될 때이다. 관계적인 측면에서 신뢰에 대해 배우지 못한 경우 타인을 신뢰하기 어려워한다. 타인을 신뢰하지 못하기 때문에 자신의 모습을 타인에게 보이는 것을 극도로 두려워하는 것이다. 이런 아픔 뒤에는 항상 비판과 비난을 받아 찌그러져 버린 자아상이 원인이 된다. 결국 이들 역시 좋은 사람들과의 관계를 통해 온전히 자신을 바라보고 받아들이는 훈련이 필요하다.

게으름으로 보이는 이런 적당주의를 깨는 것은 완벽주의 세 가지 요인 중에서 가장 어렵다. 드러내기도 힘들고 드러내는 것을 원치 않는 내담자들이 속이고 숨기려 애쓰기 때문에 이런 요인을 다루는 것은 고도의 작업을 요하는 일이다. 그럼에도 불구하고 적당주의에서 빠져나온 사람들은 좋은 습관과 자아상을 만드는 길로 나아갈 수 있다. 이런 경험들은 자신의 연약함과 아픔을 그대로 받아주는 많은 경험들을 통해 시작된다. 자신의 성취와 능력에 대해 인정해 주는 것이 아니라, 자신을 있는 그대로 사랑해주고 인정해 주는 관계 안에서 치유가 시작되는 것이다.

B선수의 경우에도 습관이 형성되면서 게으름과 열심히 살고자 하는 마음이 부딪히는 순간들이 생겨나게 되었다. 게으름에 지배당할 때 몰랐던 자기 상태에 대해 인식하게 된 것이어서 이런 싸움이 인식되는 순간들을 치유의 시작으로 보면 된다. 3주간의 습

관 형성 과정에서 번번이 실패하기도 했지만, 이 과정을 통해 선수는 조금씩 적당주의와 게으름에서 빠져나오기 시작했다.

자아상이 조금씩 회복되고 좋은 습관들이 강화되자, B선수의 퍼포먼스는 경기장 안에서 더욱 다양해지고 창의적으로 변하기 시작했다. 실수할 때 강해지는 불안감이 두려워지지 않게 되자 다양한 시도들을 하기 시작한 것이다. 가끔 훈련이 힘들 때면 다시 자신을 속이는 자리로 돌아가는 경향을 보이기도 했지만, 좋은 습관들이 늘어나자 어릴 때부터 꿈꾸던 프로팀 입단의 희망이 다시 피어오르기 시작했다.

습관 형성하기

상담 학자인 제이 E. 아담스는 습관을 형성하는데 3주의 시간이 걸린다고 했다. 운전을 배울 때도 처음에는 두 손으로 핸들을 꽉 쥐고 앞 방향만 보고 몰두하지만, 습관이 형성되면서 어느덧 운전자는 핸드폰으로 통화를 하기도 하고, 슬쩍슬쩍 옆을 보며 대화를 하기도 하게 된다. 이렇듯 습관이란 인간이 형성할 수 있는 가장 위대한 신비이다. 운동 현장에서 습관을 형성할 때 일일 관찰표 등을 통해 선수가 갖고 있는 좋은 습관과 나쁜 습관에 대해 찾아내는 것이 필요하다. 또 형성해야 할 습관에 대해 기록한 다음 3주간 꾸준히 연습하고 훈련해 보며 습관이 몸에 익혀졌는지 상담사와 피드백을 주고받는 것이 습관 형성에 유용한 방법이다.

영국 출장 중 토트넘 경기장 앞

프로지명을 향한
항해

프로야구 2차 지명을 앞둔 C선수의 표정은 경직되어 있다. 오랜 시간 이 순간만을 위해 달려온 고교 선수들에게 프로 구단 지명일은 얼마 남지 않은 십대 인생에서 가장 중요한 날임에 틀림없다. 코로나로 인해 올해 대회가 많이 취소되면서 그동안 갈고닦았던 실력을 마음대로 뽐낼 수도 없었기에 속상한 마음이 더욱 크다. 아마추어와 프로의 구분이 확실한 스포츠 문화 안에서 프로 진출의 실패는 곧 자기 실패로 귀결되기에 오직 하나의 목표만을 바라보고 달려온 선수들은 높은 문턱을 넘고자 시도한다.

몇 달 전 불안감 때문에 상담실을 찾아온 C선수는 매스컴에서 자주 언급하는 실력 있는 유망선수이지만, 최근 시합에서 성적이

나오지 않아 상담 요청을 했다. '호타준족'은 선수가 갖기에 아주 좋은 표현이지만, 프로지명을 앞두고 심한 압박감이 신체적인 증상으로 나타난 것이다. 스포츠 상업화가 지향하는 지점은 자라나는 청소년들로 하여금 다양한 동기들을 살피지 못하게 한다. 이런 지점에서 오는 압박감들은 선수들을 괴롭히고 고단하게 한다. 하지만 이 상황에서 스트레스 해소란 사치로 보일 수도 있다. 성공을 통해 얻은 돈과 명예는 수년간의 시간을 보상해 주기에 충분하다고 주장하는 목소리들은 선수들의 인권과 인격에 대해 무관심하다.

이로 인해 스포츠 세계에서 매일 좋은 성적과 좋은 기량을 보여야 하는 청소년 운동선수들의 마음은 병들고 있다. C선수도 고2 때까지 뛰어난 성적을 냈지만 지명을 앞둔 고3이 되어서야 잔고장들이 발견되기 시작했다. 무엇보다 엔진에 이상이 생긴 것을 이제야 발견하게 된 것이다. 상품적으로 최상의 상태여야 할 선수가 시들해진 모습을 보인다면 프로 구단 입장에서는 그 선수에게 냉담할 수밖에 없다. 상품 가치가 떨어진 선수는 더 이상 구단에서 중요하게 여기지 않는 것이다. 문제는 대부분의 선수들은 이런 시기에 자신이 해왔던 루틴을 반복하거나, 쉬지 않고 운동량을 늘리는 것으로 해결하려고 한다는 것이다. 그러한 시도들은 해결해 주기보다는 악순환을 가중시킴으로써 부상을 유발하게 된다.

야구선수인 C군의 경우도 상담하는 내내 자신의 잦은 부상에 대해 걱정했다. 그는 그동안 부상을 숨긴 채 통증을 참고 운동을 해왔다. 자신의 상품성이 떨어질까 두려웠던 것이다. 여느 다른 선수들처럼 자기표현을 숨겨야 하는 현실과 문화에 익숙해져서 자신을 표현하고 나타내는 방법들을 잃어버린 것이기도 했다. 지금 상황에서 잃어버린 자신을 다시 찾을 방법은 최고 수행을 통해 자신을 다시 최상의 상품으로 되돌리는 길밖에 없었다. 이런 문제로 인해 C선수의 동기와 감정도 다소 불안정했다. 좋아서 시작한 운동에서 재미를 잃어버렸다. 즐거움이 떨어지니 타인들과 마찬가지로 상업적인 부분에만 관심을 두게 된 것이다. 포스트모더니즘 시대를 살며 방향을 잡지 못하고 표류하게 된 지금 그의 모습은 이 시대의 전형적인 청년들의 모습이었다. 동기가 모호하기 때문에 이런 동기의 상실은 정체성의 상실감으로 이어져 부정적인 방향으로 삶을 지배하기 시작했다.

"오직 목표는 성공이에요. 프로 지명이 아니면 제 인생은 실패하는 거예요. 이제 전 그것만 생각하고 있어요."

상담 시간 동안 선수가 자주 했던 말들이다. 다양한 세계관과 철학에 대한 교육을 적절히 받지 못함으로써 사고의 다양성과 논리적 사고를 하는 방법을 상실한 요즘 시대의 운동선수들에게 목표는 단순해지기 시작했다. 더욱 큰 문제는 그 목표가 좌절되거나 변수가 생겼을 때 다른 길로 가는 방법에 대해 혼란을 겪게 되며 결과적으로 삶이 붕괴되는 것이다. 오직 성공과 실패로만 귀결되는 이분법적인 사고는 오랜 시간 스포츠 문화를 통해서 체득된 나쁜 습관으로서 선수들에게 큰 영향을 끼치고 있다.

C선수에게는 교육적 상담을 주로 진행했다. 함께 좋은 책을 읽고 대화를 나누고, 하나의 현상에 대해 다양한 철학적 관점으로 생각해 보고 글쓰기를 해보았다. 자신이 생각하는 세상과 역사적 흐름에 따른 사상에 대해 정리한 것을 발표해 보는 시간을 갖기도 했다. 감정보다는 먼저 사상에 대해 교육했고, 사고를 확장하는 시간을 가진 것이다.

바다를 항해하는 여러 배들 중 자신의 동기와 목표를 분명히 하고 목적지에 가는 배는 옆에 있는 배들이 어떤 길로 가든지 자신만의 항해를 한다. 그러나 명확한 동기와 목표가 없고 자아상이 모호한 배는 자신도 모르게 다른 배가 가는 방향으로 휩쓸리기 마련이다. 이렇듯 정체성이 건강한 사람은 어떤 폭풍과 파도에도 포기하지 않고 자기만의 길을 간다.

교육적 상담을 마칠 때쯤 프로지명 날짜가 다가왔다. 직접 그 자리에 있지 못했지만, 인터넷을 통해 선수의 소식을 확인하며 함께 기쁨을 나누었다. 좋은 결과를 얻었지만 우리가 상담시간에 익힌 대로 C선수가 단순히 상품적으로만 가치를 인정받지 않기를 간절히 바란다. 또한 자신의 목적을 오직 성공으로만 귀결시키지 않기를 바란다. 그저 상품적 가치로만 평가받는 풍토에서는 아직 발굴되지 않은 선수들의 다양한 가치가 여전히 내면에 묻혀 있어 빛을 보기 어렵다.

단회 상담으로 마치게 된 짧은 만남을 통해서도 최소한 자신이 어떤 사람인지 비춰주고 나아갈 방향을 조금이라도 제시해 줄 수 있다. 짧은 시간에 많은 변화의 경험을 함께 공유하지 못할 수도 있지만, 그럼에도 불구하고 자신을 찾아가는 선수들을 보면 그들이 가진 내면의 힘과 재능이 매우 뛰어남을 알 수 있다. 대한민국 스포츠계를 이끌어나갈 충분한 가능성과 에너지가 그들 안에 있는 것이다. 이들은 앞으로 험난한 바다를 멋지게 헤쳐나가는 위대하고 뛰어난 선장들이 될 것이다. 미래에는 그들이 항해를 시작하는 어린 선수들의 지평을 넓혀주고, 바로 세워주는 좋은 지도자 역할을 할 수 있게 되길 바란다.

동기

우리는 흔히 동기를 생각하라고 하면 과제나 과업에 대해 떠올린다. 그러나 동기의 기본 원리는 진정한 인간이 되는 것이다. 살아가는 이유에 대한 명확한 통찰력과 지혜를 필요로 하며, 연결이자, 삶 전체와 연결되어 있는 가장 중요한 영역이다. 동기를 그저 목적 달성이나 꿈을 이루기 위한 수단으로 생각하면 안 된다. 모든 변화에는 강력한 동기가 있어야 한다. 동기에 대한 교육적 정보를 획득하기 위해 역사적 고찰이 필요하고 고전을 읽으며 통찰력을 갖는 것을 권면한다. 넓은 세상의 가치관을 파악하고 알아갈 때 자신이 따르는 신념과 동기에 대해 어느 정도 밝혀질 수 있다. 이러한 중요한 교육들이 운동선수들에게 지속적으로 행해져야 한다.

과학자가 되고 싶은
펜싱선수

    인간이 가진 가장 큰 특권은 선택과 책임이다. 어릴 때부터 선택하고 책임지는 법을 배워 나갈 때 건강한 성장을 위한 정체성을 배울 수 있다. 많은 운동선수들이 타의적으로 운동선수 생활을 선택한다. 타의적이란 부모의 선택과 은밀한 강요에 의해 운동을 시작하게 되는 것을 뜻한다. 어린 시절 자녀의 좋은 퍼포먼스는 부모의 욕구를 충족시키기에 좋은 도구이다. 자녀가 운동을 잘하면 고스란히 긍정적인 피드백이 부모에게 전해진다. 그런 피드백 안에서 자연스럽게 잘못된 욕구를 대리 충족시키는 학부모들이 있다. 그런 욕구는 아이에 대한 칭찬과 인정으로 돌아와 어린 학생 선수가 운동을 하는 동기부여가 되기도 하지만, 지속적으로 좋은 성적이 안 나거나 화려한 모습을 보이지 못할 때 나타나는 학부모의 분노나 부정적인 반응을 통해서 그들의 진짜 동기를 엿볼 수 있다.

초등학교 시절부터 이런 문화에 익숙해진 어린 운동선수들은 오랜 시간 이런 선택권 박탈이라는 악순환에 길들여져서, 선택하고 책임을 지는 방법을 배울 기회를 놓치게 된다. 고학년이 되고 진로에 대해 중요한 선택을 해야 할 시기에 마치 당위적으로 꼭 해야만 하는 것처럼 운동선수의 길을 선택하는 아이들이 얼마나 많은지 놀랄 일이다.

한 중학교 엘리트 펜싱 선수는 부상 후유증과 감독과의 불화 때문에 상담하러 왔는데, 지금까지 그의 인생에서 가장 많이 남는 기억들은 강도 높은 운동과 훈련 뿐이었다. 추억을 쌓을 시간이 없었던 것이다.

지금도 부모님과 지도자를 만족시키기 위해 매일 최선을 다하는 선수들이 있다. 타고난 운동능력이 없는 평범한 선수들의 경우 실력이 쉽게 늘지 않는 경우들도 심심치 않게 발견할 수 있다. 이들은 이로 말미암아 현장에서 거의 매일 부정적인 피드백을 받고 있으며, 그로 인해 우울감이 가득 찬 상태로 살아가고 있다. 펜싱 선수인 F군도 그런 친구였다. 열심히 했지만 성적이 잘 나지 않았고, 운동이 잘 되는 순간들이 분명히 있었지만, 재능 있는 친구들에 밀려 매번 64강에서 좌절하고 말았다.

그럼에도 불구하고 잠시 좋은 성적을 냈던 초등학교 1~2학년 때의 장면들을 잊지 못하는 부모님 때문에 운동을 그만두지 못하고 있었다.

상담 중반에 가장 좋아하는 게 무엇이냐는 나의 질문에 학생은 이렇게 대답했다.

"수학이랑 과학을 제일 좋아해요. 사실 과학자가 되는 게 꿈이었는데 부모님이 운동선수가 되는 걸 좋아해서 운동을 선택했어요."

담담하게 고백하는 학생의 말이 무겁게 느껴졌던 이유는 자신을 가장 설레게 하는 일에서 멀어진 그 학생의 눈빛이 슬퍼 보였기 때문이다.

상담의 목표를 의사소통 및 표현, 선택과 책임에 대한 내용을 배우는 것으로 진행했다. 교육을 병행하면서 특히 중점적으로 가르친 것은 지금이라도 자기 인생을 자기가 선택하고 책임져 나가야 한다는 것이었다. 부모님은 언제나 훌륭한 조력자가 맞지만 자기 인생의 신으로 존재할 수 없다는 사실을 주지시키고, 반드시 작은 표현, 작은 선택, 작은 책임부터 행해 나가야 한다고 권면했다. 중반부터는 부모님과의 상담을 병행했는데, 상담내용을 어느 정도 받아들이게 된 부모님에게 조금씩 변화가 있었으며, 이런 긍정적인 변화들로 인해 F군은 그간 숨겨 왔던 자신의 진로에 대해 상담사와 부모님에게 털어 놓을 수 있게 되었다. 결코 이 시간은 쉽지만은 않았다.

운동을 그만 두려는 학생과 혼란을 겪는 부모, 명확한 의사를 표현하지 않는 지도자 사이에 팽팽한 긴장감이 흘렀고, 때론 다툼으로 번지기도 했다. 시간이 지나면서 F군은 롤러코스터 같은 시간들을 보냈다. 그 기간 동안에 치룬 대회에서 번번이 힘들었지만 자기가 진짜 하고 싶은 일을 하며 살 수 있다는 작은 희망이 생긴 덕에 마지막 남은 힘을 쥐어짜고 있었던 것이다.

갈등과 다툼은 사실 회복으로 가는 길이다.

갈등이라는 상황을 거치지 않고 변하는 것은 없다. 그런데도 현장에서는 갈등이 두려워 상황을 외면하고 회피하는 일들이 자주 있다. 이는 결코 바람직한 방향이 아니다. 회복을 위한 갈등은 꼭 필요하다. 우리에게 이 시간은 회복으로 가는 필수적인 과정이었다. 긴 과정을 마치고 마지막 상담 날 학생의 부모님이 상담실 앞에 서 있었다. 눈물이 맺혀 있는 부모님에게 따뜻한 차를 한잔 대접하면서 그간 그들 사이에 있었던 많은 갈등과 고민에 대한 이야기를 들을 수 있었다.

"운동을 그만두는 것으로 아이와 함께 결정하게 되었어요. 운동으로 성공하는 게 아이를 위한 길이라고 생각했는데 그게 아니었나 봐요. 제가 그런 길을 가게 한 걸 이제 와서 어떻게 되돌릴 수 있을까요."

휴지 반 통을 쓸 만큼 많은 눈물을 쏟아낸 부모님은 그간 꽉 쥐고 있던 F의 미래 선택권을 드디어 내려놓게 되었다.

이후로 짧은 시간 동안 F군에게 많은 것이 변화되고 있다는 것을 감지할 수 있었다. 상담사인 나는 이런 상황에 대해 감사하고 감격했다. 아이의 진실한 표현이 부모님의 심장을 흔든 것이다.

몇 개월 후, 바뀐 머리스타일과 옷차림으로 종결 상담을 위해 찾아온 학생에게서 그동안 보지 못했던 환환 표정을 발견할 수 있었다. 상담 시작부터 쉼 없이 재잘거리며 요즘 배우고 있는 과학 이론에 대해 설명하는 학생의 모습에서, 드디어 원하는 것을 할 수 있게 되었다는 안도감과 자유를 느낄 수 있었다. 결국 자신이 한 작은 선택과 책임이 큰 변화를 만들어 낼 수 있다는 것을 경험한 F군은 더 큰 세계를 향해 나아가기 시작했다.

모든 문화 안에는 동기와 목적을 갖고 있는 사람이 존재하며, 수많은 욕심과 탐심은 교묘하게 숨어서 시시각각 틈을 노리고 있다. 행복하고자 시작한 자신의 일과 그 문화 안에서 즐거움을 유지해 나가는 일은 선택과 동기에 대한 점검이 선행될 때 올바른 방향으로 향하게 되는 것 같다.

자신의 길이 아닌 길을 걷는 것만큼 슬프고 힘든 일은 없을 것 같다. 인간은 항상 자기만의 배역을 맡을 때 비로소 돋보인다. 자기 정체성은 자기 소명과 연결되는 것이다. 많은 사람들이 모험 안에서 그것을 배웠지만 아직도 여전히 대다수의 사람들은 정체성을 찾는 모험의 여정 속에 있다.

부모 자녀 간 커뮤니케이션

부모들은 흔히 자녀들과의 소통에 실패하곤 한다. 그 이유 중 하나는 자신들의 실패 이야기는 하지 않고 성공했던 이야기만 하기 때문이다. 부모들의 이런 영웅담은 선수들의 기준점만 올려놓는 결과를 초래한다. 설사 부모의 말이 사실이라고 하더라도 그런 이야기는 선수에게 큰 도움이 되지 않는다. 부모는 자녀의 거울이다. 부모가 자기의 약함을 가리고 포장하는 모습을 보인다면, 자녀가 그런 부모의 거울에서 얻을 것이 별로 없을 것이다. 기본적이지만 진실한 모습을 보여주고 마음 깊은 곳을 보여주면서 대화한다면 그 모습 자체로 좋은 교육이 될 수 있다.

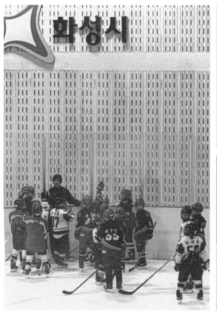

아이스하키 코칭 현장에서의 멘탈코칭

자신을 속이는
골프선수

"어이, 상담사 양반. 항상 순박해 보이는 얼굴과 해맑은 미소를 그대로 받아 들이지 말게. 위장은 인간이 가진 가장 영악한 속성 이지 않나. 그러나 그들을 판단하거나 정죄는 하지 말게. 혹시 자 네가 그들을 진실함으로 나오게 하는 통로가 될지도 모르니까."

최근 한 골프 선수를 상담 중인데, 이 선수는 감정 기복이 심 하다. 환경과 상황에 따라 자주 흔들린다. 홀어머니를 모시고 사 는데 힘들 때마다 운동을 그만두고 다른 것을 하고 싶다고 호소 하는 바람에 어머니의 스트레스가 이만저만이 아니다. 단순히 힘 들고 다른 것이 하고 싶어서 운동을 그만둔다는 말을 엄마 입장 에서는 그대로 믿을 수밖에 없었다. 선수 자신도 자기가 다른 것에 관심이 가는 이유를 단순히 흥미의 변화나 새로운 진로에 대한 열정이 생겨서라고 표현하고 있기 때문에 이 선수의 잦은 변덕에 대한 실체를 타인이 알아차리기 쉽지 않았다. 진로에 대한 상담 과정 동안 상담사나 부모, 지도자가 염두에 두어야 할 것은 진로의 고민이 진로 문제를 가장한 회피와 도피가 될 수 있다는 사실이다.

어린 시절, 아이들에게 부모는 우주와 같은 존재이다. 상담을 통해 어릴 때부터 집밖에서 노는 것을 허용하지 않는 부모의 양육태도를 다루었다. 아이가 다칠까봐 혼자 노는 것을 지속적으로 통제한 것이다. 그 결과 아이는 청소년이 되어서도 주변 반응에 대해 잘 공감할 수 없었고 타인의 슬픈 이야기에도 감정을 느끼지 못했다.

지속되는 통제 속에서 자기 자신과 자신의 감정을 모두 상실한 채 살아가고 있었던 것이다. 상담학자들은 지나친 통제와 자아를 가리는 가면은 다양한 부정적인 결과와 증상을 유발시킨다고 항상 경고한다.

상담을 진행하며 선수의 패턴을 추적할 수 있었는데, 운동을 그만두려고 하는 여러 가지 이유를 찾을 수 있었다. 첫째는 지도자와의 관계와 대인관계에서 부정적인 감정을 느낄 때였고, 둘째는 자신의 뜻대로 되지 않아 감정 처리가 되지 않을 때였으며, 마지막으로는 훈련 강도가 높아 신체적으로 과부하가 걸렸을 때였다. 이런 상황이 오면 선수는 늘 운동을 그만둘 생각을 했고, 집에 돌아가서는 어머니에게 그만두어야 할 이유를 구구절절 밝힌 것이다. 불편한 감정에서 도피하고 도망가는 것이 삶의 중심적인 패턴이 되었다.

선수가 평생 써먹은 방법은 반복적인 회피와 도망가는 습관을 만들었다. 자신이 운동을 그만두고 싶은 이유에 대해 다양한 이유를 대면서 상담사는 물론 자신까지 속이고 있었다. 보통 이런 방법을 쓸 때 우울함과 낙심 가득한 표정을 지으며 상대방을 대한다는 것을 어느 정도 파악한 상담사는 위장 뒤에 숨어있는 진짜 원인을 붙들고 선수가 하는 위장 속으로 따라 들어갔다. 처음부터 위장임을 밝혀내면 수치심과 같은 감정이 순식간에 드러나서 다음 상담에 오지 않거나 다른 방법으로 위장을 강화할 수 있다. 그래서 선수의 이야기를 잘 들어주다가 절체정명의 순간에 급소를 찔러야 위장을 무리 없이 드러나게 할 수 있기 때문에 신중히 상담을 진행했다.

선수의 기질, 습관, 패턴 등을 파악한 결과, 늘 과장하는 성향이 확연하게 드러났다. 자신의 실력보다 항상 더 잘하는 것처럼 보이게 하는 것이 일상화되어 있었다.

실력이 50이면 실력을 포장해서 항상 100을 보여주려고 하는 악습관이 운동 시간을 괴롭게 만드는 것이었다. 자기를 아름답게 포장하려던 것이 부메랑이 되어 자신을 공격한 것이다. 자기 문제를 바라보게 하면 반복적으로 도망다니는 도망자를 멈춰 세우게 한다. 자신만큼 집요한 상담사의 추격에 혀를 내두르며 싸움에서 기권하고 마는 것이다. 이런 순간들을 맛보려면 굉장히 집요하고 인내심 있는 싸움이 상담사들에게 요구된다. 때론 긴 시간 잠복하는 형사들처럼 그 시간을 끌어주는 것을 통해 다양한 위장들이 밝혀지고 드러나곤 한다.

한번 변화가 시작되면 선수의 행동 패턴은 비교적 빠르게 변화되고, 더 이상 숨을 수 없어 밝혀진 부분의 문제는 해결된다. 길고 지루했던 추격전이 종료되는 순간이 찾아오게 되는 것이다. 선수의 경우에도 처음엔 인정하기 힘들어 했지만, 지나치게 과장된 자신의 신체적 제스처와 감정 표현에 대해 받아들이게 되었다.

또한 자신의 회피 성향에 대해 인정하고 받아들이게 된 선수는 상담 과정 뿐 아니라 종결 후에도 더 이상의 진로 고민을 하지 않게 되었다. 다른 직업으로 전환하고 싶다는 생각이 들 때마다 상담 과정에서 도망자로 살았던 자신의 모습을 다시 꺼내 보며 힘든 순간들을 조금씩 이겨내게 됐다. 고비를 넘어서게 된 것이다.

다양한 이론보다 중요한 것은 상담사가 갖고 있는 지혜이다. 지혜에는 지식도 포함되지만 타인을 회복시키겠다는 진실한 마음 위에만 고칠 수 있는 능력인 지혜의 꽃이 피어오를 수 있다. 물론 인과적 원리로만 되는 것은 아니다. 수많은 교묘한 문제와 추격전을 벌여야 하는 상담사에게 사랑과 지혜가 필수이다. 도망자들을 충분히 설득시키는 것은 판단과 정죄가 아닌 사랑을 포함한 진실한 직면이기 때문이다. 오래 참아 줌으로 많은 문제들이 해결될 수 있는 것이다.

자기관리

생체 시계는 컨디션 관리에 중요하다. 자기의 수면 패턴, 가장 컨디션이 좋은 시간, 맞는 음식과 맞지 않는 음식 등에 대해 면밀하게 파악하고 있는 것은 자기관리와 직결된다. 예를 들어 우리나라에서도 밀가루 음식을 먹지 못하는 글루텐 알레르기가 있는 사람들이 예전보다 많이 발견되고 있는데, 이런 사람들이 시합 전에 밀가루가 포함된 음식를 먹을 경우 심한 알레르기는 아니지만 소화 기능과 컨디션에 영향을 미치게 되어 경기력에 좋지 않은 영향을 주게 될 것이다. 좋은 선수들은 자신의 상태에 대해 잘 기록해 두고 기억한다. 작은 관리가 결국 위대한 선수를 만든다.

용서와 자유

원한에 사로잡힌 내담자들과 이야기를 나누다 보면 마음속 깊은 곳에 적개심을 지니고 있음을 확인할 수 있다. 증오의 대상이 사라지지 않는 이상 적개심이란 감정을 다스릴 방법이 없다는 것은 상담 현장에서 자주 관찰되는 일이다. 용서 전문가인 김광수 교수의 말에 따르면, '용서는 자각과 표현을 촉진하며 이해와 사고의 전환을 하게 만드는 위대한 행위'라고 한다. 용서를 통해 감정이 정화되고 적개심이 사그러드는 용서의 방법을 연구를 통해 입증한 것이다.

가정형편이 어려운 청소년 O선수가 자주 상담실에 방문했다. 활동적인 성격에 태권도를 좋아하는 아이는 이미 유단자가 되었을 만큼 운동에 열심인 친구이다. 나는 상담실에 모인 친구들과 종종 쉬는 시간에 체육 활동이나 놀이를 하기도 하는데, 그때마다 O선수는 항상 빠지지 않고 잘 참여하였기 때문에 꽤 친해질 수 있었다.

오래 지나지 않아 체육 활동 중 O선수의 성향이 드러나게 되었는데, 경기 중 분노 조절을 하지 못해서 힘들어 했다. 폭력적인 성향이 올라오면 눈동자가 풀리고 분노를 폭발해야 잠잠해지곤 했는데, 그런 모습이 잦아지자 가까운 친구들은 거리를 두기 시작했고 대인관계에도 어려움을 겪게 되어 상담을 받게 된 것이다.

O선수와 이야기를 나누다 보니 어린 시절 불우한 가정에서 살아왔음을 알 수 있었다. 폭력적인 아버지는 어머니와 일찍 이혼을 하고 집을 나갔고 그로 인해 O선수의 머릿속에는 아버지에 대한 기억이 몇 장면 남아있지 않았다. 남아있는 기억도 좋은 것은 없었고 폭력을 행사하는 아버지에 대한 기억만 강하게 갖고 있었다.

한가지 문제가 더 있었는데 함께 사는 이모는 O선수 앞에서 아버지에 대한 험담과 욕을 자주 했다. 이런 것들이 지속되자 O선수가 갖고 있는 분노는 점점 원한으로 변해갔다. 그렇게 되자 지금 O선수와 그의 가정이 겪고 있는 모든 문제를 아버지 탓으로 돌리기 시작했다. 따뜻한 사랑을 받지 못하며 자란 O선수의 마음은 시간이 지날수록 척박해져 갔고, 운동을 통해 그나마 분노를 해소하며 버틸 수 있었다. 그러나 분노가 점점 커지면서 이마저도 어려운 일이 되어 갔다.

"찾으면 죽여 버릴 거예요."

O선수가 상담 시간에 종종 내뱉은 말이다. 그 단순한 문장에서도 아버지를 얼마나 증오하고 있는지 느껴졌다. O선수의 분노를 적절하게 다루려면 용서의 작업을 먼저 해야 한다는 것을 상담사인 나는 확실하게 알고 있었다.

상담이 일정 부분 진행되면서 용서에 대한 주제로 이야기를 나누기 시작했다. 현재 분노의 표적을 아빠로 두고 있는 O선수에게 진짜 표적과 가짜 표적을 구분해서 설명하고 상담하는 일이 필요했다. 사람을 공격하지 않고 문제를 공격하는 법을 가르친 것이다. 또한 직접 경험한 사실이 아닌 것은 모두 정리하여 그런 기억은 덜어내고, 실제로 기억하고 있는 감정을 다루는 것으로 합의하고 상담을 이어 나갔다.

과정 중에 이 양쪽 기억과 감정이 너무 얽히고 설켜 다루기가 쉽지는 않았다.

"용서해야 한단다. 그 방법이 너의 내면 안에 고통을 완화해주는 가장 좋은 방법이 될 거야. 같이 그 여정을 시작하자."

O선수를 위한 나의 간곡한 말도 처음엔 잘 통하지 않았다. 활활 타버릴 것 같은 O선수의 내면은 아무리 물을 부어도 불이 꺼질 기미가 보이지 않았다. 때론 그 증오심이 나에게도 옮겨 붙어 상담사의 내면도 힘들게 만들었다. 완강한 마음에 서서히 지쳐 갔고, 더이상 어떤 심리적 방법도 찾을 수 없는 지점까지 몰린 나는 깊은 고민에 빠지게 되었다.

"선생님, 죽어도 아버지를 용서 못해요. 크면 찾아가서 죽일 거예요. 도저히 전 용서 못해요."

같은 말을 반복하던 O선수와 상담하던 어느 날, O선수의 말 가운데에서 힌트를 찾아냈다. '찾아가서'라는 표현이 내 귀에 정확히 들어왔던 것이다. 지금 당장 O선수와 함께 아버지를 만나보는 것도 좋겠다는 생각에 이른 것이었다. 쉽게 지나칠 수 있는 단순한 표현이었지만 그날따라 유독 그 말이 크게 들렸던 것이 우리에게 힌트를 주었다.

시간이 어느 정도 흐르고 적절한 타이밍이라고 느꼈을 때, O선수에게 아버지를 함께 찾아가보지 않겠느냐는 제안을 했는데 반응이 의외로 날카롭지 않았다.

"네? 같이 찾아봐 주신다고요? 너무 어릴 때 봐서 기억도 안 나고 어디 있는지도 몰라요. 이모한테 아빠가 월드컵 경기장 주변

OO렉카 회사에서 일한다는 말은 얼핏 들었어요."

"같이 가보자."

처음엔 완강하게도 반대하던 O선수는 내가 동행한다는 말에 용기 있는 결단을 내렸다. 우선 만나서 이야기를 들어보고 그때도 납득이 되지 않으면 대화를 하지 않겠다는 조건으로 우리는 상암동에 있는 그 렉카 회사를 찾아보기 시작했다.

골목이 복잡해서 한참 찾다가 내가 먼저 문이 닫혀 있는 렉카 회사를 발견했다. 나는 O선수를 차에 잠시 있게 하고 근처에 있는 슈퍼마켓에 가서 물었다.

"OO 씨가 저 렉카 회사에 계시다고 하는데 혹시 아시나요?"

나이 드신 사장님이 가게 정리를 하다 돌아보며 나에게 말했다.

"그 가게가 맞긴 한데 가게 주인 바뀌어서 옮긴 지 좀 되었어. 거기에 문제가 좀 있었는지 법원에서 소환장이 날아오고 아주 골치 아팠던 것 같아."

다소 아쉬운 마음이 들었지만 차로 돌아가서 O선수에게 상황을 설명했다. 그러자 O선수는 또랑또랑한 눈으로 나를 쳐다보며 다급하게 질문했다.

"선생님 여기 아빠가 없어요? 그럼 우편물이라도 뒤져서 찾아보면 될 것 같은데요."

그렇게 말하는 O선수의 표정과 눈에서 전에 볼 수 없었던 슬픔이 묻어났다. 슬픔 뒤에 감추어진 분노는 전에 보았던 색채보다 옅어져 있었다. 나는 그런 O선수의 눈을 바라보며 대답했다.

"이번에는 우리 과정이 결실을 얻지 못한 것 같다만, 용서의 결단을 하고 실행에 옮기면서 우리 마음이 많이 변하게 된 것 같다. 다음에 꼭 다시 찾아보자꾸나."

나의 말에 O선수는 아쉬운 표정으로 고개를 끄덕였다. 돌아오는 차 안에서 우리는 말없이 저물어 가는 석양을 바라보았다.

그렇게 우리가 내딛은 발걸음을 통해 O선수는 위대한 용서의 여정을 시작했다. 용서로써 치유를 경험하고 자유를 얻었다. 그 이후로도 많은 과정과 작업이 필요했지만, 우리는 그 시간을 통해 큰 덩어리의 분노를 치워버릴 수 있게 되었다.

용서하기

용서는 결코 감정적으로 해결할 문제만은 아니다. 미워하는 사람을 용서하기로 결단하고 화해를 했다가도 며칠 뒤에 다시 그 사람이 미워지고 분노의 감정이 올라오는 것을 볼 수 있다. 용서에는 결단과 의지가 중요하다. 타인에게 적개심이 들 때 용서의 길로 가는 것이 불가능해 보일 수 있지만, 자신의 감정을 따르기보다 용서하기로 결단한다면 훨씬 좋은 방향으로 일이 풀릴 수 있다. 물론 정말 끔찍한 사건을 경험하게 한 사람들과의 화해는 쉽지 않을 것이다. 용서를 시도하더라도 다시 가까운 관계를 맺고 살아가는 것이 어려울 수 있고 가능하지 않은 경우도 있다. 그럼에도 불구하고 용서는 포기하지 말아야 할 중요한 덕목이다.

용서는 자유를 찾아 가는 길의 황금 열쇠임이 틀림없다.

아이들과 함께

중독, 그 고통에 대한
울부짖음

중독은 고통을 스스로 해결하려고 하는 몸부림이다.

중독자들이 겪는 고통의 크기는 상상을 초월한다. 고난을 해결하는 법을 알지 못하는 사람들은 그것을 잊기 위해 방법을 찾는다. 강렬한 방법이 고통을 가려줄 때 그것을 반복적으로 사용하게 되는 것이다. 중독이 가까이 있는 이유는, 고통은 늘 우리와 함께 존재하며 이 고통에 대한 잘못된 해석 때문이다.

C.S 루이스는 『고통의 문제』에서 고통에 대해 '우리의 영혼에는 빈 구멍이 있고, 그 구멍을 항상 무언가로 채울 수밖에 없는 존재'로 묘사한다. 또한 고통은 잘 이해하면 인간을 성장시킬 수 있는 좋은 도구라고 말한다. 그러나 얼마나 많은 사람들이 고통을

이런 시각으로 바라보고 있을까? 삶에서 일어나는 고통에 대해 회의적이 되기 시작하면 자신에게 주어진 매 순간과 하루하루가 끔찍한 날들이 될 것이다. 고통은 단지 피하거나 사라져야 할 악마와 같은 것이라고 느낄 것이고, 그런 태도로 인해 현재의 삶에서 고통이 느껴지는 것을 힘겨워하게 될 것이다. 고통은 중독으로 가는 통로가 될 수 있음을 기억해야 한다.

국가대표 선수촌에 있는 운동선수들의 이야기에서 빠지지 않는 주제는 선수촌에서의 일상에 관한 것이다. 그들의 일과는 1년 내내 똑같다. 최근 올림픽이 끝나고 어떤 TV 프로그램에서 한 메달리스트의 선수촌에서의 생활을 간략하게 소개한 적이 있다.

정해진 일과를 반복하는 그에게 사회자가 그곳에서 어떤 재미를 발견할 수 있느냐는 질문에 대해 선수는 "재미라는 것 자체를 원하면 안 되죠."라며 다소 심플하게 대답했다. 그 순간 인터뷰를 하던 MC들은 입을 다물지 못했다.

선수촌의 문화를 잘 엿볼 수 있는 대목이다. 선수촌에서 가장 많이 주어지는 것이 고통임을 선수들은 잘 알고 있었기 때문에 할 수 있는 대답이었다.

자극이 없이 가만히 있는 것을 어려워하는 N선수는 컴퓨터를 이용한 합법적인 스포츠 도박에 조금씩 손을 대기 시작했고, 거기에 빠져 긴 시간을 생산적이지 못한 일을 하는데 소비했다. 정상적인 생활로는 채워지지 않는 강렬한 욕구를 채우는 데는 이런 순간적인 자극만큼 도움이 되는 것이 없다고 생각하게 되었다. 이런 자극은 N선수의 마음속에서 더욱 커져갔고, 괴물 같이 커져버린 욕망이 선수의 꿈과 현재를 삼켜버릴 것처럼 N선수의 인생을 위협하게 되었다.

중독 상담의 경우, 감정 아래에 존재하는 강렬한 욕구를 다룬다는 측면에서 복잡하고 어렵다. 우선 본인의 욕구를 인정하는 자리까지 가는데 많은 감정들을 다루어야 하기 때문에 시간도 오래 걸리고, 쳇바퀴 돌듯 감정을 다루게 된다. 정상적 수준의 감정이 아닌 이미 중독에 길들여진 감정을 다루어야 하기 때문에 더 어려운 것이다.

중독에 길들여진 감정은 그때는 진심 같아 보이지만 정체를 교묘하게 바꾸기 때문에 다루기가 상당히 까다롭다. 보통 심리학자들이 이런 경우 '밑 빠진 독에 물 붓기'라는 말을 사용하는데, 문자 그대로 뚫린 항아리에 아무리 물을 부어도 충족되지 않고 공허감이 커져가는 상태를 일컫는 말이다. 이런 해석은 언뜻 보면 그럴싸하지만 중독을 이렇게 정의해 버리면, 자신의 중독 상태를 채움 받지 못한 탓으로 여기고 단순히 무언가를 채우면 된다고 생각하게 될 수 있다.

중독의 해결은 단순히 어떤 대체물로 빈 항아리를 지속적으로 채우는 것이 아니라는 것을 꼭 기억해야 한다. 또한 프로이트식 접근도 마찬가지로 주의해야 한다. 욕구를 정당화시키고 자연스러운 감정으로만 해석할 경우, 욕구에 대한 책임을 성적 기능과 연관시켜 합리화시킬 수 있으며, 어린 시절 부모와의 관계나 대인관계에 의한 상처 탓으로만 치부해 버릴 수 있기 때문에 주의해야 한다. 욕구를 다룰 때 어떤 안경으로 바라보느냐가 중독 상담의 핵심이다.

일차적으로 욕구를 완전히 해결하는 것이 어렵다고 판단되었을 때, 치명적인 습관을 다른 습관으로 대체하는 방법을 과정 중에 사용할 수는 있다. 대체물이 없는 경우 치료 과정을 견디기가 더욱 어렵고 금단증상으로 인해 실패로 이어질 확률이 크다. 중독 상담에서는 상담 그룹을 만들어 자신의 중독 과정에 대해 나누게 하고 회복 일지를 기록하게 하는 것도 좋은 방법이다. 개인이 갖고 있는 고통의 문제를 타인과 나누며 현재 자신이 가진 고민이 자신만의 것이 아니라고 받아들일 때 중독을 극복하고자 하는 용기를 얻을 수 있다. 그룹의 역할이 중독자들에게 큰 시너지를 준다. 스포츠 현장에서도 집단상담 프로그램을 통해 선수들만이 겪는 고통과 고난을 함께 나누게 하는 것이 중요한 이유가 이 때문이다.

다행히도 상담했던 N선수는 큰 대회가 끝나고 좋은 집단상담 그룹에 합류하게 되었다. 선수는 상담사에게 표현했던 극심한 고통에 대해 같은 문제가 있는 사람들에게 털어놓고 도움을 받기 시작했다. 어린 시절에 겪었던 아픔과 상처의 문제까지 받아 주고 보듬어 주는 동료들의 사랑과 격려 덕분인지 매일 반복적으로 접속하던 스포츠 도박 사이트에서 멀어졌고 지루한 선수촌에서의 삶에 조금 더 잘 집중하게 되었다.

좋은 사람들을 만나는 과정에서 부정적으로 형성되었던 자아상이 조금씩 수정이 된 것에 따른 긍정적인 효과로 여겨졌다. 조절되지 않는 감정 컨트롤 때문에 또다시 좌절하기도 했지만, 조금씩 자신의 패턴에 대해 알아가며 다른 대체물로 그것을 해소하는 법을 습득하면서 상담이 종결되었다. 더불어 지속적인 중독에 대한 효과적인 공동체 교육은 중독을 생각하는 선수의 사고방식에 큰 영향을 주었다.

상담사로서 더 큰 부분에서의 변화를 이루어 내지 못한 것이 다소 아쉽기는 했지만, 상담사의 한계를 받아들이고 멈추어야 할 때 멈추는 것이 필요한 직업임을 알기에 최선의 지점에서 상담을 종결했다.

　상담사가 준비할 가장 중요한 점은 중독자들의 처참한 심정을 받아낼 수 있는 마음 상태이다. 상담을 통해 극심한 정서를 다 받아내도 반복적으로 더러운 장소를 찾아가 몸을 내던지는 사람들에게 끝없는 인내와 사랑을 보여줘야 한다. 물론 이런 과정을 아무리 잘 견뎌내고 함께 해주어도 상담사가 상담을 하는 동안 그들의 삶이 변하지 않을 수 있지만, 깨져버린 파편 조각 같은 그들의 마음에 사라지지 않을 만한 긍정적인 에너지 한 스푼을 넣어주는 것은 중독자 상담에서 할 수 있는 작지만 가장 위대한 일이다. 또한 지속적으로 그들이 앞으로 만나게 될 다양한 사람들과도 반복적이고 긍정적 경험을 많이 할 수 있도록 지지해주고 응원해 주어야 한다.

　다행히 이런 과정을 잘 극복한 N선수는 중독을 이겨낼 수 있게 되었다.

　지금도 많은 운동선수들이 중독이란 사각지대에서 고통을 잊기 위해 몸부림 치고 있다. 대부분의 운동선수들은 고통을 담담하게 받아들이지만 극심한 고통 앞에서 나약해지는 것이 인간이라는 점을 우리는 잊으면 안 된다. 단순히 버티고 참으라는 메시

지보다 그들이 겪고 있는 고통에 대해 잘 해석하고 이해할 수 있도록 교육하고 지도하는 것이 중요한 일임을 스포츠 문화 영역에 있는 사람들은 기억해야 할 것이다.

 ## 고통에 대해 이해하기

많은 운동선수들이 불안과 분노를 느끼지 말아야 할 부정적인 감정으로 규정짓고 그런 감정을 억압하고 느끼지 않으려고 회피하는 모습들을 자주 볼 수 있다. 여러 관점이 있지만 부정적인 감정이 들 때 그것을 무조건적으로 억압하거나 피하기보다 오히려 그런 힘든 느낌들을 고통으로 인식한다면 실생활에서 훨씬 더 유연하게 대처할 수 있다. 삶에서 고통은 사라질 수 없는 영역이다. 아무 일이 없는 날에도 정서적 고통을 경험하는 날이 많고, 예기치 않은 사건들도 우리의 마음을 괴롭게 한다. 고통에 대한 관점을 바꿔보자. 고통이란 것이 존재하지 않는다면 다쳐도 아픈지 모르고 살아갈 것이고 마음에서 적신호를 보내더라도 반응하지 않고 계속 가던 길을 가게 될 것이다. 이렇듯 고통은 나를 올바른 길로 건강하게 인도하는 좋은 친구일 수 있다. 관점의 변화로 고통에 대처하는 태도가 바뀔 수 있다.

스키점프 2.0 유소년 스포츠클럽 스포츠멘탈코칭

더 몬스터

체육중고등학교에서 2년 동안 다양한 종목의 운동선수들을 상담하고 교육하는 일을 했었다. 학기가 시작되면 개성이 강한 새로운 학생들이 학교에 입학하고 또 상담실 문을 두드린다. 학생들은 쉬는 시간마다 들어와서 얼굴만 비추고 가거나 괴성을 지르고 나가기도 했다. 2년 차에 유독 밝고 활발한 학생들이 자주 상담실에 찾아왔었고, 그 중에서 눈에 유독 띄는 학생이 있었는데 여름에도 항상 긴팔을 입고 있었다. 나는 그 모습을 유심히 지켜보면서 그 친구에 대해 관심을 가질 수밖에 없었다.

철인 3종 경기를 했던 G학생은 운동 신경이 뛰어나 체육 선생님의 권유로 체육중학교에 입학한 학생이었다. 장난이 심했지만 선한 성향을 가졌기에 선생님들이 예뻐하는 학생이었다. 들어오기 힘든 체육중학교에서도 운동에서 좋은 성적을 거두고 있었고 친구들과의 관계도 원만했다. 그런데 상담을 하지 않았으면 발견하지 못했을 것들을 대화를 통해 알게 되었다.

늘 밝은 모습인 G학생을 두고 누구나 심신이 건강하다고 생각했다. 그러나 놀랍게도 신입생 때 실시하는 정서행동 검사에서 위험군에 속하는 심리적 증상들이 발견되었다.

위험군 학생들의 경우 필수적으로 상담을 해야 한다. 그로 인해 G선수와 나는 일정을 잡고 상담을 시작하게 되었다. 상담 진행을 하며 초기 상담 회기 동안 다소 충격적인 사실을 발견했는데, 긴 팔에 가려졌던 팔뚝에 잔 상처들이 상당히 많이 나있는 것을 보게 되었다. 커터 칼로 그은 자국이었다. 흉터가 난 자국들을 보니 자해가 오래되었다는 것을 알게 되었다. G학생의 그 많은 상처가 나의 눈앞을 캄캄하게 만들었다.

상담 초반에는 최대한 많은 정보를 빠른 시간 안에 얻기 위해 관찰과 면담을 세밀하게 한다. 그때 주로 활용하는 상세 질문지의 내용 중 '가장 두려워하는 것이 무언인가?' 라는 항목이 있다. 이 질문에 G학생은 망설임 없이 '아버지'라고 적었다. 이후 그 문제에 대해 심층적인 질문을 해나갔는데 수년 전부터 폭력을 행사한 아버지는 툭하면 G학생을 때렸다. 아버지의 학대 수준은 굉장히 심각했다. 그런 심각한 내용을 말하면서 감정의 요동이 없는 G학생의 표정을 보며 진짜 자기감정을 드러내지 못하는 아이의 깊은 상처를 읽을 수 있었다. 머리로는 가장 두려운 대상이 무엇인지 알았지만, 차마 꺼내 놓을 수 없는 것은 내면 깊은 곳에 도사리고 있는 공포심일 것이라고 짐작했다.

면담을 진행하며 주요 이슈를 아버지에 대해 다루는 것을 방향을 잡았지만, 내가 원하는 것만큼 빠르게 아버지의 대한 내용을 다루기는 어려웠다. 첫 면담에서 보통 청소년들은 어려운 이야기를 툭하고 던지듯 꺼내놓기도 하지만, 이후 그 여파로 인해 굉장히 오랜 시간 핵심 이야기를 꺼내지 않고 방어할 때가 있다. G학생의 경우도 그랬다. 처음에 아버지 이야기를 잠시 했지만, 이후로는 굉장히 오랜 시간 그 이야기하기를 꺼려했다. 중요한 이야기를 나누는 시간은 상담이 끝나기 10분 전 잠시뿐이었다.

아버지의 폭력 사실에 대해서는 관련기관에 이미 보고를 한 상황이었다. 학대 사실에 대해 학교와 교육기관에 보고해야 하는 것이 상담사의 필수적인 일이었기 때문에 자료를 모아 놓고 지속적으로 결제를 올렸다. 아이와의 신뢰 관계가 깨지지 않게 하기 위해 최대한 학생의 동의를 구하며 진행한 일들이었다. 이후로 6개월의 시간 동안 상담을 진행하며 우리는 어느 정도 신뢰 관계가 쌓였고 서로에 대해 더 잘 알게 되었다. 10분 정도 가볍게 하던 가정 이야기를 꽤 깊은 수준까지 할 수 있게 되었고, 늘 웃는 얼굴만 보이던 G학생이 상담사인 나에게 적대적인 모습을 드러내거나 화를 내는 모습을 보이기도 했다. 불안과 분노를 감추기 위해 했던 행동들이 상당히 정리되었다.

특별히 다룬 부분은 반복적인 자해 행동이었다. G학생이 자해를 하는 패턴은 거의 일정했다. 심각한 공포심이 올라오거나 불안함이 자신을 덮쳐 숨을 쉬지 못할 지경이 되면 칼로 팔을 그어 피를 빼냈다. 피가 분출하는 것이 풍선에서 바람이 빠지듯 긴장감이 해소되는 것과 비슷한 느낌을 얻는다고 했다. 극심한 긴장 속에서 표출하거나 해소하지 못하는 감정들을 자해로 해결하는 방식이었다. 이런 자해는 일반적인 상황에서 이루어지는 것이 아니라 주로 아버지와의 관계에서 일어나는 감정에 의해 행해졌다. 아버지가 얼마나 무서운 존재인지 아이의 감정 패턴을 통해 재차 확인할 수 있었다.

상담으로 불안한 감정을 해소하게 하고 아버지에 대해 수차례 다루어도 집에 가면 아버지의 거대함 앞에 학생은 위축되었고 여전히 공포를 느꼈다. 학생이 묘사하는 아버지의 모습에 대해 자주 듣게 되다 보니 나에게도 그가 무섭고 큰 괴물 같은 존재로 느껴졌다. 학생의 공포심이 나의 영혼을 잠식시키기도 한 것이다. 더불어 G학생이 말하는 아버지의 폭력성이 나의 부정적인 상상력을 자극하기에 충분했다.

그러던 어느 날 오후였다. 나에겐 오랜 시간 상담을 하며 생긴 습관이 있는데, 상담한 직후 나의 감정을 글로 옮겨 나의 감정을 해소하는 것이다. 그렇게 기록한 내용을 보면서 학생들을 생각하며 기도하는 시간들은 나에게 소중하고 중요한 시간이다. 그날 오후에도 G학생과 상담을 한 직후 G학생에 대해 고민하고 기도를 하는 시간들을 가졌는데, 처음으로 상담으로만 이 문제를 해결하려고 했던 나의 방식에 대해 반성하게 되었다. 최선을 다하는 마음 뒤에는 나 역시 두려워서 숨고 있는 부분이 있다는 것을 자각하게 된 것이다. 상담 과정 중 어머님과 통화를 해서 G학생의 상태와 상황에 대해 계속 알리긴 했지만, 아이가 가장 무서워하는 아버지에 대한 접근을 피하고 있는 나 자신의 모습을 확인했다. 그 순간 나 스스로 얼마나 비겁한 상담사였는지를 깨달았다.

앞서 말했듯이 반복적인 G학생의 공포스러운 고백과 큰 두려움이 나에게 영향을 주어 해야 할 일을 하지 못하게 만들었던 것이다. 그 부분에 대해 깨닫고 난 직후 나는 학생의 아버지를 직접 만날 마음의 준비를 하기 시작했다.

"따르르릉—"

벨이 울리고 둔탁한 목소리를 가진 한 남성의 전화를 받았다. 떨리는 마음으로 학생의 아버지와 통화를 하며 학생 상담 과정에 대해 간략하게 말씀드리고 나서 상담실 방문을 권유했다. 그로부터 2주 뒤 G학생의 아버지가 상담실 문을 두드렸다. 문을 열었더니 건장한 체격의 한 남성이 군화 같은 신발을 신고 저벅저벅 걸어 들어왔다.

여러 가지 방법으로 만남을 준비했던 나였지만, 상상했던 모습 거의 그대로의 모습을 한 아버지의 모습에 위축이 되는 것은 어쩔 수 없었다. 그럼에도 불구하고 나는 용기를 내어 앉으신 아버지와 긴 대화를 시작했다.

대화가 시작되자 그동안 만나왔던 G학생의 얼굴이 떠올랐다. 상담했던 시간과 내용 그리고 늘 상담실에 들어와 장난치던 장면들이 주마등처럼 스쳤다.

긴 시간 대화를 나누며 힘겨워했던 대상으로 인해 한편으로는 부담스러웠지만 이 기회를 놓칠 수는 없었다. 힘들게 용기를 내어 나는 장시간을 아이의 상태에 대해 설명을 했고, 그것을 아버지가 알고 있었는지 계속 되묻는 형태로 대화를 이어나갔다. 대화 도중 아버지가 나의 표현에 불편해 하는 기색을 내비치기도 했다. 그러나 그 순간만큼은 그의 반응이 중요하지 않았다. 최대한 정확한 정보를 말해주고 그 분의 상태에 대해 파악하고 필요한 조치를 다시 취하는 것이 가장 큰 목표였다.

다행히도 비교적 나의 이야기를 잘 들어주었고 예상했던 큰 반응을 하진 않으셨다. 시간이 흐르고 중요한 이야기인 자해에 대해 이야기했더니 그 순간 아버지의 표정이 크게 흔들렸다. 아들이 자해를 하는 것까지는 몰랐는지 큰 충격을 받은 것이다.

그 사건에 대해 말할 때 나는 정보를 정확하게 전달하기 위한 노력도 했지만, 아이가 느꼈던 섬세한 감정을 전달하기 위해 더 많은 노력을 했다. G학생이 느꼈을 공포, 불안, 분노에 대해 그 순간만큼 아이로 빙의라도 한 것처럼 아버지에게 전달하려 애썼다. 속으로는 나의 언어를 통해 G학생이 느꼈던 감정이 잘 전달되길 간절히 바랐다. 이 대화를 통해 작은 변화라도 일어날 수 있다면 좋겠다는 간절함으로 떨리는 마음으로 그 자리에 있었던 것이다. 진심이 통한 것이었을까?

1시간 가량의 대화가 끝나갈 즈음 놀라운 일이 생겼다. G학생의 아버지가 대성통곡을 하기 시작했다. 그 울음소리가 상담실 안에 울려 퍼졌다. 어린아이 같은 통곡 소리에 예상치 못한 나도 넋이 나가 그냥 묵묵히 그를 바라만 보고 있었다. G학생의 아버지가 허공을 향해 중얼거렸다. 아들인 G학생에게 하는 참회의 고백이었다.

"미안해. 미안해. 내가 나쁜 놈이야."

그 해 무더운 여름이 지나고 겨울이 되었다. 크리스마스를 앞두고 아이들은 학기를 마무리하며 타일에 자신의 소원을 적어 학교 벽에 전시했다. 내가 만났던 G학생도 그곳에 예쁜 메시지를 적어 냈다. 다사다난했던 1년의 시간을 아름다운 작품들을 보며 위로받을 수 있었다. 학기 마무리 전 마지막 상담에서 G학생의 팔뚝에 새로 생긴 상처는 보이지 않았다. 여전히 흉터는 남아 있었지만 이미 아물어 버린 옛 상처였다. 놀랍게도 아버지의 폭력은 그후 1년까지 발생하지 않았다.

매주 상담을 하는 나의 상담에서도 그렇고, 연계된 기관에서의 체크에서도 아버지 폭력이 멈추었다는 결과를 학교 측에서 전해 주었다. 한 번의 상담으로 이런 기적을 경험하는 것 드문 일이었지만 우리는 이 기적을 체험했다. G학생에 말에 따르면 아버지는 어느 순간부터 화가 나면 자신을 때리는 대신 밖으로 나가서 시간을 보내고 들어온다고 했다. 아이의 말을 들었을 때 상담실에서 흘렸던 아버님의 눈물이 떠올랐다. 아버지의 진심과 노력은 해묵은 아이의 상처를 벗겨냈고, 매일 꾸던 악몽에서 벗어나게 했다. 가장 사랑하는 대상이 더 이상 괴물이 아니게 되자 G학생은 더욱 진실한 기쁨을 얻을 수 있게 되었고, 웃음 속에 숨겨 있던 공포심은 점점 흐려져 가기 시작했다.

분노와 원망

오랜 시간 분을 끌게 되면 분노가 다른 영역으로 번져 간다. 분노는 문제를 더욱 악화시키기 때문에 지속시키면 좋지 않다. 분노 자체가 선하고 악한 것은 아니지만, 분노의 방향성은 분명 좋게 쓰일 때와 나쁘게 쓰일 때로 구분된다. 원한을 품는 경우는 분노를 나쁜 방향으로 사용하고 있는 경우이다. 원한은 격렬한 분노의 감정을 유발시킨다. 분노의 방향이 타인이 될 수도 있고 자신이 될 수도 있는데, 폭발할 경우 그로 인한 피해가 있고 자신을 향할 경우 견디기 힘든 고통으로 자신의 신체에 해를 입히거나 자살로 이어질 수도 있다. 원한을 품는 것은 분노를 지속시킬 때 생기는 문제이다. 원한을 품으면 타인과의 대화는 단절된다. 분노의 감정을 즉각적으로 건강하게 해결하는 것이 바람직한 방법이다. 마지막으로 분노를 표현할 때 사람에 대해 표현하기보다 문제 자체를 공격하는 방법을 추천한다.

강릉 출장 중 바라본 무지개 뜬 하늘

날개를 잃은
피겨스케이팅 선수

한가하게 보내던 어느 오후, 그동안 잠잠하던 휴대폰이 울린다. 대개 모르는 번호로 전화가 오면 거의 상담 요청 전화이다. 목소리를 가다듬고 전화를 받았다.

"여보세요. 원아이덴티티 상담센터죠? 오늘 상담이 가능한가요?"

급한 상담이 필요하다는 것을 수화기 넘어 목소리로 쉽게 알수 있었다.

"네, 가능합니다. 오늘 오후 5시까지 오시겠어요?"

종종 급한 상담 문의가 오긴 하지만 그의 목소리는 정말 급박해 보였다.

오후 늦게 문을 열고 큰 덩치의 남성이 들어왔다. 인사하는 목소리가 굵직하고 이목구비가 뚜렷한 것이 누가 봐도 잘생긴 얼굴이었다.

"반갑습니다. 좀 급해서 연락을 드렸어요. 요즘 심리적으로 많이 힘이 듭니다. 직업은 피겨스케이팅 선수로 오래 활동해왔는데 풀리지 않는 일과 돈벌이 때문에 급격히 불안하고 우울해졌어요."

상담을 진행하며 내담자의 어린 시절 이야기를 들을 수 있었다. 초등학교 교사인 어머니와 대기업의 임원인 아버지는 여느 부모님들처럼 자식들이 본인들 같은 길을 걷기를 원했다. 어릴 때부터 덤벙거리고 실수가 많고 학업에 관심이 없었던 내담자 A군의 모습은 부모님에게는 도무지 이해가 되지 않는 것들뿐이었다.

특히 학창시절에 공부가 제일 쉬웠던 어머니는 성적에 대해 잔소리를 많이 했고, 아버지는 그런 모습을 묵묵히 지켜보면서 별다른 말을 하지 않다가 못마땅함이 가득찰 때쯤 가끔씩 큰소리를 치곤 했다.

초등학교 때 부모님을 만족시키기 위해 열심히 노력하고 공부한 경험이 있었지만 학업이란 것이 뜻대로 되지 않는 법이다. 밤을 새워서 공부를 해본 적도 있었다. 오로지 부모님으로부터 인정을 받고 부모님을 만족시켜 드리기 위해서였다. 최선을 다해 반에서 5등 정도의 성적을 만들어 성적표를 가져 간 적도 있다.

자신의 도전 과정을 생생하게 기억하고 있던 내담자는 조금 슬픈 목소리로 이렇게 고백했다.

"그게 저의 마지막 도전이었어요."

왜냐고 묻는 상담사에게 내담자는 아무리 열심히 해도 아쉬운 표정을 하는 부모님의 모습을 보니 더 이상의 동기부여가 되지 않았다고 했다. 작은 미소나 칭찬 정도라도 기대했지만, 여전히 실망하는 부모님의 표정을 보는 것은 어린 내담자에게는 악몽과 같은 일이었다.

이후 내담자는 공부와 담을 쌓기 시작했고, 이로 인해 부모님과 더욱더 적대적인 관계가 되었다. 평소 가끔 소리치던 아버지의 간섭은 더욱 심해졌고, 크게 소리치는 것에서 더 나아가 내담자를 비난하고 비판하는 말들을 마구 쏟아내기 시작했다. 이런 경험은 어린 내담자를 더욱 위축되게 만들었고, 가슴 깊은 곳에 묻어두었던 반발심을 강화시키는 계기가 되었다.

공부보다 예체능 분야에 관심이 많았던 내담자는 체육, 음악, 미술, 연극 등의 활동을 하며 나름대로 정체성을 찾기 위해 노력했다. 그러나 예체능으로 부모님이 인정해 주지 않을 것을 알았기 때문에 그 부분은 포기하고 내려놓은 상태였다. 그저 예체능 활동을 통해 자신을 표현하고 자기가 살아 있음을 느끼는 것이 좋았다. 목적이 돈도 아니었고 성공도 아니었던 것이다. 그냥 나를 표현하고 나타내는 것만으로 충분했다.

어릴 때부터 스케이트 타기를 좋아했던 A군이 조금 늦은 시기인 중학생 때 피겨스케이팅 선수가 되겠다고 죽도록 부모님께 매달렸던 이유는 자유를 찾고 싶은 갈망 때문이었다. 이후 어머니의 도움으로 겨우 스케이팅을 하게 된 A군은 나름대로 운동을 열심히 해서 서울에 있는 체대로 진학하게 되었다. 하지만 이런 성과에도 불구하고 불행히도 가족 중 누구도 축하해 주는 사람은 없었다. 이후 열심히 노력했지만 실업팀 직행과 국가대표 티켓 확보에 실패한 A군은 또다시 가족 중에서 실패자로 존재하게 된 것이다.

피겨스케이팅 분야도 김연아 선수의 메달 이후로 수많은 사람들이 도전하고 지원하는 경쟁이 심한 영역이다. 하나의 작품을 보면 수십 수백 번의 연습을 하는 이 종목에서 살아남기란 쉬운 일이 아니다. 아무리 갈고닦은 실력도 짧게 보여 줄 수 밖에 없고, 자신을 다 나타내지 못한 날에는 그동안의 연습량만큼의 슬픔이 몰려오는 것이 선수들이 갖고 있는 공통점이다.

수차례 시합에 나가도 보고 국가대표를 단 적은 없지만 작은 대회에서 여러 번 성과를 내며 10년 가까이 피겨스케이트 선수

생활을 유지한 내담자 A군에게 운동선수인 자신을 사랑해주는 여자 친구가 생겼다. 2년 정도 교제한 여자 친구는 내담자가 가장 어려운 시절에 만난 고마운 사람이었다. 조건과 능력보다 내담자와 소통이 잘되는 것을 좋아했던 여자 친구에게 유일하게 자신의 진짜 마음을 털어놓을 수 있었다.

이런 과정들이 조금씩 내담자를 깊이 있는 진짜 자기를 발견하는 모험으로 인도해 주는 촉매제가 되었다. 많은 경우 숨겨있던 진짜 다이아몬드는 자기를 소중히 대해주는 사람을 통해 반짝 빛나기 시작한다. A선수도 이런 작은 기적을 여자 친구를 통해 경험하게 되었다.

많은 사람들에게 이런 '반짝' 경험이 중요한 것은 진짜 자기의 존재에 대해 '살짝'이라도 인식할 수 있기 때문이다. 조금 더 민감하거나 섬세한 사람들은 이런 경험을 바탕으로 더 깊은 자기를 찾고 싶어 하고 본격적인 모험에 참여한다. 자신을 찾는 것에 전심을 다하는 사람들은 숨겨져 왔던 자신을 찾는다는 설렘과 자신을 가린 베일을 벗어야 한다는 두려운 감정으로 인해 혼란을 겪지만 기어이 그 길을 걷기 시작한다. 내담자 역시 그런 마음을 토대로 상담실 문을 두드린 사람이다.

그는 언제부턴가 운동에 대한 동력을 잃어버렸고, 소원해진 부모님과의 사이에 대해서도 답답해했다. 부모님 앞에서 항상 위축 되었었고 지금도 위축되는 자신의 모습을 보면 집을 탈출하고 싶은 생각이 하루에도 몇 번씩 든다고 했다. 특히 운동선수라는 진로가 자기에게 맞는지, 운동을 선택한 것이 도피였는지 정말 원해서였는지도 찾고 싶다고 했다. 상담 받기를 주저했지만 결국 상담을 받게 된 것도 사랑하는 사람과의 결혼을 생각하고 있기 때문이라고 했다. 그 사람 덕분에 용기를 낼 수 있었다고 했다.

상담을 진행하며 어린 시절의 수치스럽고 부끄러운 장면들에 대해 다루었다. 반복적인 비난과 비판에 시달리던 그 시절의 기억과 감정이 여전히 지금도 내담자를 괴롭히고 있었다.

운동을 하며 자기 자신에 대한 높은 기준을 세우고 채찍질하는 자기 모습과 아버지의 모습이 닮아 있다는 것도 알게 되었고, 공부를 하라고 다그치는 어머니의 날카로운 눈빛이 마음 깊숙한 곳에서 자기를 항상 노려보고 있다는 사실도 깨달았다. 또한 그런 자신이 여자 친구에게 자기도 모르게 높은 기준을 대며 비판하고 비난하는 모습이 있다는 사실도 통찰력 있게 발견했다.

이런 과정들은 그동안 단단하게 포장해 왔던 도덕적인 내담자의 모습을 조금씩 깨 주는 작업이 되었다. 표현하지 못한 감정들이 쌓여가고 자기도 모르게 설정된 높은 도덕적 기준은 자유로운 스포츠 분야에서 자유를 잃게 할 만큼 강한 독성이 되어 매일 내담자를 괴롭히고 있었다. 또 자주 대회에서 실패할수록 가뜩이나 낮았던 자아상이 끝없이 추락하여 허무감과 실패감 이외의 감정을 제외하고는 모두 폐기 처분해 버린 것이다. 내담자가 호소한 엔진 없는 자동차 같다는 말은 이런 상태에 대한 묘사였다.

3개월의 상담을 종결할 때쯤 내담자의 얼굴은 밝아졌다. 묵묵하고 무표정한 얼굴에서 새어 나오는 미소가 그렇게 아름다운지 본인은 몰랐던 것 같다. 마지막 상담을 앞두고 여자 친구를 부모님에게 소개하기 위해 날짜를 잡았다는 내담자의 말에 뭉클함이 몰려왔다. 아버지 어머니의 평가가 두렵지 않느냐는 나의 말에 내담자가 말했다.

"진짜 내 마음을 이야기해보고 싶어요. 어릴 때 경험했던 기억들을 반복해서 재생하며 부모님이 무슨 말을 하실까 하고 예측하는 것이 아닌, 지금 나의 진짜 모습을 그분들에게 보여주고 싶어요. 결과는 저도 모르지만."

마지막 상담에서 진솔한 내담자의 고백을 들은 부모님은 어떤 비난도 하지 않았다고 했다. 아버지는 오히려 왜 운동선수가 되려 했는지 이해 못했던 것에 대해 사과했고, 내담자의 여자 친구를 흡족해하며 그런 사람을 배우자로 선택한 내담자를 격려해 주었다고 했다. 그동안 한 번도 경험하지 못했던 부모님과의 진짜 소통이 시작된 것이다. 상담을 진행하며 가장 많이 변한 사람 중 한 명이 피겨스케이트 선수인 A 내담자이다. 그는 밝아졌고, 감정을 잘 표현하기 시작했으며, 자신의 과거를 용서했고, 부모님과 소통하기 시작했으며, 자기의 꿈에 대해 다시 한번 확신하게 되었다. 다행히 어린 시절 내담자를 두들겼던 운동선수의 꿈은 가짜 자기가 선택한 꿈이 아니었다. 힘든 상황에서 미세하게 두들기던 작은 소리에 대해 탁월한 선택적 반응으로 결정한 일이었다. 그렇게 선택한 일이기에 10년을 버틸 수 있었고, 동력이 없는 상태에서도 그 길을 포기하지 않을 수 있었던 것이다.

상담 과정을 마치고 문 밖을 나가는 내담자의 등에 빛나는 날개가 달려 있는 것처럼 보였다. 움츠렸던 자아상에서 벗어나 세상으로 훨훨 날아갈 내담자를 지금도 마음속 깊이 응원한다.

자기연민

자기연민은 비생산적인 활동이다. 자기연민은 다양한 무기력, 우울, 자살 생각 등의 부정적 감정과도 긴밀하게 연결되어 있다.

최근 인지행동치료라는 방법론이 유행처럼 번지고 있는데, 우리는 반드시 생각에도 오류가 있다는 것을 기억해야 한다. 생각에 골똘히 몰두하는 것은 자기중심적인 길을 걷도록 하는 통로가 될 수 있음을 알아야 한다. 흔히 발견할 수 있는 것처럼 생각은 생각에 꼬리를 물게 되고, 그 생각을 붙잡고 늘어질 때 없던 일도 믿게 되는 오류를 범하기도 한다. 생각에서 답을 찾다가 미로로 빠질 수 있음을 기억해야 한다. 이런 습관은 사람을 병들게 한다. 과거를 지속적으로 생각하고 과거의 자신을 불쌍하게 여기는 사고를 통해 많은 사람들이 혼란을 겪고 있다. 자기 생각에서 빠져 나와 생산적인 활동을 하거나 걷기 등의 운동을 통해 외부로 주의를 환기하는 연습부터 시작하는 것이 좋다. 이런 방편들은 임시적이지만 도움이 될 수 있다.

2018 평창 동계올림픽 & 페럴림픽 현장에서

성정체성에 대한 고민을 하는 운동선수

긴 시간 상담을 했던 형의 소개로 운동선수 E씨를 만나게 되었다. 도통 이성에게 관심이 없는 동생에게 여러 여성을 소개해 주었지만, 좋은 결과가 없어 누군가에게 속마음이라도 털어 놓으라고 상담 신청을 해준 것이었다. 처음 만남에서 E씨는 많이 긴장돼 보였다. 상담을 받기 위해 많은 준비를 한 것이 티가 났다.

여러 가지 질문들은 마음속에서 떠오르는 대로 하는 것이 아니라 이미 만들어서 가지고 온 것이었다. 그만큼 상담사인 나와 이야기 하는 것을 부담스러워 했고, 이런 자리를 불편해 했다. 상담을 진행하며 E씨에게 장점이 굉장히 많다는 것을 발견했다. 섬세한 마음과 착한 성품, 타인을 배려하는 모습 등에서 훌륭한 인격이 느껴졌다. E씨의 부담감을 알기에 상담 과정도 매우 천천히 진행되었다. 사소한 이야기를 나누기도 하고 서로 자라온 환경에 대해 대화를 나누며 조금씩 가까워졌다. 물론 틈틈이 핵심이 될 만한 이야기가 나올 때는 잘 기록해 두었다.

워낙 성실한 E씨는 운동부에서도 인기 만점인 구성원이었다. 타인의 말을 잘 들어주고 누군가 의지하려고 할 때 기댈 어깨를 내주기도 하는 좋은 사람이었다. 그래서인지 공동체에서 싸움이 벌어질 때도 E씨는 항상 중립을 지켰다. 가운데에서 주변 사람의 이야기를 듣고 정리해 주며 타인의 감정을 헤아려 주기 위해 많은 노력을 했다. 물론 나름대로 스트레스도 있었지만, 그 스트레스를 남에게 풀기보다 마음에 꼭꼭 담아두고 스스로 처리하려고 애를 썼다. 이런 성향 탓에 싫은 소리 한번 못하고 자란 순둥이 막내아들의 이미지가 가족에게 남아 있었고 결국 걱정된 형이 상담실로 보낸 것이다.

시간이 지나고 관계 형성이 잘 이루어지자 깊은 대화를 나누기 시작했다. 처음의 부담감이 사라지고 상담 시간 동안 주로 E씨가 대화를 이끌었다. 그는 많은 사례에서 나온 여러 이슈들을 다루었다. 가족 관계 문제를 정리하고 어린 시절부터 경험한 사건들을 재처리 하는 것에도 시간을 쏟았다. 표면적으로 봤을 때 상담이 잘 진행되는 것 같았지만 무언가 깊은 문제가 남아 있다는 생각을 상담하는 내내 지우기 힘들었다. 그 문제가 어떤 것인지 잊지 않으려고 구석 저편에 밀어 놓은 채 E씨의 이야기가 모두 마무리될 때까지 시간을 보냈다. 긴 시간은 서로에게 좋은 관계를 배울 수 있는 방편이 되었다. 섬세한 나에게 섬세한 E씨는 그동안 꺼내지 못했던 이야기들을 꺼내기 시작했다.

어린 시절 E군은 학교에서도 선생님의 사랑을 듬뿍 받고 친구들과도 잘 지내는 사교성 있는 모범적인 아이였다. 친구 관계도 폭넓어 남녀를 가리지 않고 두루두루 친하게 지냈다. 그러다보니 고무줄놀이를 하다가 말뚝박기를 하기도 하고, 공기놀이를 하다가 축구를 하기도 했다. 넓은 스펙트럼은 전혀 문제가 될 것이 없었다.

그러던 어느 날 학급으로 한 친구가 전학을 왔다. 외국에서 살다가 귀국한 친구는 다른 친구들보다 더 성숙해 보였다. 미술을 좋아했던 그 친구에게 사교성이 좋은 E군이 다가가 학교생활을 잘할 수 있도록 도와주고 종종 점심도 같이 먹으며 가깝게 지냈다. 문제는 어느 겨울방학을 앞두고 생겼는데 친구가 그린 성적으로 자극적인 그림을 보게 되었다. 성에 대해 모르는 바는 아니었지만, 그 그림은 동성 간에 이루어지는 자극적인 관계가 묘사된 그림이었다. 충격을 받기도 했고 심장이 쿵쾅쿵쾅 뛰기도 했다. 그 장면이 기억나 몇날 며칠을 끙끙거리기도 했다. 시간이 지나고 그림에 대해서 잊혔지만, 그 때 느꼈던 생생한 장면들과 강렬한 정서들이 마음 깊숙한 곳에 자리 잡았다.

운동선수들은 운동이 끝난 후 동료들과 함께 씻거나 시간을 보내는 일이 잦다. 그러다 보니 좁지만 깊은 관계를 가지는 경우가 많다. 대학시절 학교에서 만난 친구 A군은 이런 E군을 매우 살갑게 대했다. 늘 다정하게 대해주었고 힘든 일이 있을 때 먼저 다가와 주는 친구였다. 자신이 했던 역할을 이 친구가 먼저 해주는 것이 처음에는 부담스러웠지만, 이내 고마운 마음으로 변했다. 친한 친구를 사귄 것에 대한 감사한 마음이 있었지만, 어느 날 꿈에서 친구와 관련된 꿈을 꾸다가 어린 시절에 친구의 그림을 보고 느꼈던 감정이 살아 올라왔다. 다음날 일어나 몽정을 한 자신을 보고 당황했지만, 강한 그 감정은 사라지지 않고 지속되었다. 그런데 이상하게 그날부터 A를 만날 때마다 그 감정이 더욱 강하게 올라왔다. 그 감정이 무엇인지 도저히 알 수 없었고 혼란은 더욱 커져만 갔다.

대학을 졸업하고 실업팀에 들어간 E씨는 소개팅에서 만난 몇몇의 이성과 데이트를 하고 교제를 하기도 했다. 사랑의 감정이 무엇인지는 잘 모르지만 만났던 이성들과 좋은 시간을 보냈고 설렘의 감정을 갖기도 했다. 아주 긴 연애를 한 적은 없지만, 보통 남자들처럼 연애를 하는데 큰 어려움이 있는 것도 아니었으며, 문제가 있던 적도 없었다. 그럼에도 불구하고 결혼에 대한 결심이 서지 않고 미루었던 것은 해결되지 않는 그 강렬한 감정 때문이었다. 또다시 그런 감정을 느낀다면 결혼해서도 힘들 것 같다는 생각을 했다. 책임감이 강한 E씨는 반드시 이 문제를 해결해야 했다.

오랜 시간 내담자 E씨를 지켜보며 고민하는 감정의 실체를 알게 되었다. 내담자의 경우 그 감정이 사랑인지 아닌지에 대해 고민하고 있었지만, 명확하게 사랑의 감정은 아니었다. 보통 성에 대해 배우고 성정체성을 획득할 시기인 청소년기에 자극적인 음란물이나 자위행위에 노출되는 경우가 많다.

아이들이 태어나 달지 않은 음식을 먹다가 처음으로 설탕이나 꿀맛을 봤을 때 그 자극의 강도는 굉장히 세다. 청소년기에 처음 성에 노출되면 사실 많은 청소년들이 큰 자극을 경험한다. 처음 자극되는 욕구들은 다양한 감정을 파생시키고, 그런 욕구가 절제되지 않을 때 자위 중독이나 음란물 중독에 빠지게 되는 경우가 비일비재하다. 자극은 결국 더욱 큰 자극을 부르기 때문이다.

E씨의 경우 그 첫 자극을 보통 청소년들이 접하는 유형의 그림

이나 영상이 아닌 것으로 받았다. 그것에 대한 충격과 잔상이 남았음은 물론 처음 배운 성에 대해 자극될 때 보인 사진은 내면 깊숙한 곳에 어떤 욕구와 맞물리게 된 것이다. 한 번도 느껴보지 못한 욕구였기 때문에 당시에도 크게 당황했지만 옆에서 누군가가 교육해주고 설명해 주지 않아 그냥 깊이 묻어두었다. 그러다가 깨어난 욕구는 무의식 속에서 내담자 E씨를 자극할 기회를 틈틈이 노리고 있었다. 이런 자극은 사진과 비슷한 대상의 모습에서 나타났고, 그런 상황에서 또 다시 혼란을 느꼈는데 이것을 본인의 성적 정체성으로 해석함으로써 혼란을 갖게 된 것이었다. 나의 해석이 끝난 후 내담자 E씨의 표정은 말 그대로 새하얗게 변했다. 늘 자신이 생각하던 방식으로 해석했던 내용과는 완전히 다른 해석으로 마음이 편해지기도 했으나, 그 욕구를 내려놓아야 한다는 생각에 아쉬움이 올라오기도 했다.

C.S 루이스는 사랑의 속성 중 애정에 대해 '따뜻하고 친근하고 편안한 느낌을 타인과 주고받는 것'이라고 말한다. 애정은 친구, 가족, 선생님 등 누구에게나 느낄 수 있는 정서라고 했다. 애정은 에로스의 한 부분이지만, 사랑을 지칭하는 전체를 나타내지는 않는다고 했다. 서로의 공통점과 관심사에 끌려 가까워지는 우정도 마찬가지로 사랑의 한 종류이지만, 우정 관계에서 우리의 감

정은 비교적 얌전하다. 설레임으로 얼굴이 달아오르거나 흥분되는 감정은 비교적 덜 느끼게 된다. 그렇지만 우정 역시 사랑의 일부임이 틀림없다. 여러 가지 사랑의 속성이 있지만, 무엇보다 가장 중요한 사랑의 속성은 아가페이다. 아가페적 사랑은 받는 것이 아닌 주는 사랑이라고 이해하면 된다. 제이 E. 아담스도 그의 책에서 사랑을 단지 감정적으로만 해석하는 것을 주의하고, 의지와 행함이 동반된 총체적인 관점으로 봐야 한다고 했다. 느낌 지향적인 것을 사랑으로 해석하는 것을 주의해야 한다는 뜻이다.

내키지 않는 감정 상태에서 타인을 향해 사랑을 베풀어줄 때 좋은 정서들이 활성화될 수 있다. 현대사회에서는 이런 사랑에 대한 인식이 전무해 보인다. 먼저 느껴져야만 움직이고, 감정의 변화에 따라 사랑의 정의도 계속해서 달라지곤 한다. 사랑에 대한 개념 인식이 명확하지 않은 까닭이다. 주는 사랑은 계속해서 커진다. 자신의 상태와 상관없이 타인을 위해 희생하고 사랑을 베풀때 욕구를 뛰어넘는 사랑을 배우게 된다.

추수 상담을 통해 감정과 욕구에 대해 정리한 후, 20년을 고민하던 내담자의 정체성 고민은 막을 내렸다. 지금까지 어떤 길로 가지 않고 고민해 준 내담자에 대해 감사하기도 했고, 순수하고 책임감 강한 내담자가 받았던 자극과 고뇌들을 더욱 깊이 이해할 수 있었다. 포스트모더니즘 시대의 많은 사람들이 성적 정체성 문제로 고민하고 있다. 다양한 해석들이 있지만 욕구에 대한 자극으로 인해 고뇌하는 사람들에게 올바른 해석과 바른 방향을 제시해야 한다는 것을 마음 깊이 느끼는 요즘이다. 중대한 기로에 서 있는 사람들에게 올바른 해석을 해줘야 하는 상담사의 자리는 때론 너무 무겁고 겁나는 자리이기도 하다.

파라 스포츠멘탈코칭

오랜 시간 상담사로 활동하며 더욱 깊이 느끼는 것은 상담형태의 다양성이다. 체육이라는 훌륭한 교육 영역에서 신체활동과 더불어 아이들에게 심리적인 도움도 줄 수 있다. 언제부터인가 상담은 상담실에서만 할 수 있는 게 아니라는 생각을 갖게 되었다. 각영역의 사람들이 있는 문화와 그들의 영역 안에서 자연스럽게 만날 기회만 주어진다면 대화는 물 흐르듯 자연스럽게 시작될 수있다. 최근 장애인 아이들을 대상으로 체육 지도를 시작했다. 5~6명 아이들을 대상으로 하는 수업인데, 이 아이들은 일반 학급에속해 있는 지적장애를 가진 친구들이다. 아이들과 만나기 전에 담당교사에게 아이들에 대한 이야기를 듣는 시간이 있었다. 담당교사는 분노조절이 안 되는 친구들에 대한 이야기를 중점적으로 하면서 얼마 전까지 근무하시던 교사 한 분이 그 문제를 다루는 것이 힘들어 그만두었다는 말을 해주었다. 분노조절이 어려운 장애인 친구들은 분노가 촉발되어 화를 내기 시작하면 가라앉히는 데에 시간이 걸린다. 물론 비장애인도 그러한 경우가 있지만, 몇몇 장애인 친구들은 특히 자신의 감정에만 집중하는 성향과 전후맥락에 대해 생각하는 것이 어려워 감정조절에 어려움을 겪는다. 아직 아이들을 만나보기 전에 이런 말을 듣고 나니 부담감이 다가오면서 걱정도 좀 됐다.

  한 주 뒤, 첫 수업하는 날이었다. 먼저 체육관 환경을 살펴보고 그날 수업을 준비하고 있었다. 수업시작 전 미리 가서 그곳의 분위기에 적응하고 마음을 가다듬고 짧게라도 기도하는 것이 어느새 나의 루틴이 되었다. 학생들이 원하고 좋아하는 수업을 진행하기 위해 여러 가지 수업 방법을 생각하며 다양한 준비를 했다. 물론 수업에 대한 준비보다 마음의 준비가 더 필요했다. 2시간의 수업을 아이들과 호흡하며 진행하는 것은 특수학급 수업 경험이 적은 나로서는 어려운 일이 될 수도 있기 때문이다. 수업 시작 종이 울리고 학생들이 하나 둘 들어왔다. 핸드폰을 만지작거리는 아이, 내 앞에서 눈을 마주치고 다시 홱 돌아서버리는 아이, 오자마자 농구공을 던지며 신나게 웃는 아이, 소리를 지르는 아이 등등 딱

보기에도 각자 너무 다른 개성들을 갖고 있는 친구들이었다. 아이들 한 명 한 명과 인사를 나누고 본격적인 신체활동을 하기 시작했다. 우선 친밀감을 형성하기 위해 체육관에 둘러앉아 자기소개를 하며 서로 친해지는 시간들을 가졌다. 이름이 무엇인지, 어떤 운동을 제일 좋아하는지, 어떤 음식을 가장 좋아하는지 등에 대해 자유롭게 나누는 시간을 가졌다. 그런 시간이 나의 긴장감을 어느 정도 덜게 했고, 나를 처음 보는 아이들의 긴장감도 서서히 사라지게 했다. 자기소개를 하는 아이들의 모습을 보고 있으니 다른 여러 가지 감정들은 사라지고 함께 즐거운 시간을 보낼 기대감이 피어오르기 시작했다.

2017년경 미국 어학연수 시절, 필라델피아에 있는 장애인 아이스하키팀에서 보조 코치로 하키지도를 한 적이 있다. 언어의 장벽으로 인해 힘들어할 때였는데 부족한 영어 실력으로 자원봉사를 하고 싶다는 메일을 수십 군데 보냈고, 감사하게도 작은 봉사단체가 나의 메일을 소홀히 여기지 않고 필라델피아에서 가장 크고 유명한 NHL 팀 관계자에게 전달해 주었다. 그리고 때마침 찾고 있던 보조 코치 자리를 나에게 준 것이다.

아이스하키 선수 출신이라는 이력 덕분에 링크장이 낯설지는 않았고, 타국에서 운동 지도를 할 생각에 다양한 감정이 들었다. 그때도 처음 만나는 중도장애(살아가며 장애가 생긴 경우)를 갖고 있는 선수들을 만날 생각에 밤잠을 설쳤던 기억이 있다. 선수들에 대한 선입견이나 편견 때문이 아니라 그들의 문화를 경험해 보지 못한 데서 오는 두려움과 막연함이 그 이유였다. 그런 마음으로 시작한 일은 이내 감사함으로 바뀌기 시작했는데, 언어는 잘 통하지 않았지만 함께 땀을 흘리며 서로에 대해 더욱 친밀해졌고 가까워졌다. 인상 깊었던 것은 다리가 절단된 상태에서도 의족을 찬 채 스스로 운전을 하고, 20킬로나 되는 무거운 장비를 타인의 도움도 없이 싣고 내리기도 하고 장비를 착용하는 것을 보고 존경심이 들었던 기억이 있다.

유독 기억에 남는 팀원은 어떤 부녀의 모습인데, 8살 정도 된 장애인 자녀를 둔 아버지가 자녀와 함께 그들이 착용하는 장애인 전용 썰매를 타고 매주 운동을 했다. 그 아이는 다른 선수들보다 실력이 뛰어나고 운동신경도 좋아 팀의 에이스 역할을 하고 있었다. 나중에 알게 된 사실은 그 아버지는 비장애인이었다는 것이다. 당시 나로서는 장애가 없는데도 장애인들이 사용하는 기구를 착용하고 함께 운동한다는 것이 신선하면서도 문화충격으로 다가왔다. 그분이 그렇게 했던 이유는 장애를 입은 딸이 좌절하거나 포기를 할까 봐 함께 운동을 하면서 용기를 주려는 것이었다. 아이에게 희망을 주기 위해 다른 선수들보다 늘 한 발 더 움직였고, 누구보다 열심히 해서 가장 잘하는 선수가 되었다고 했다.

어느 사회에서나 스포츠는 사회와 단절된 장애인들을 사회와 다시 이어주는 다리 역할을 해주고 있었다. 이때부터 나는 특수체육 쪽에도 관심이 생겼고, 장애인 문화에도 관심이 생겼다. 직업을 찾기 위해 다양한 봉사활동을 한다는 미국인들의 말이 이해가 되었다.

이런 경험들을 바탕으로 한국에 돌아와 2018 평창 패럴림픽 파라 아이스하키와 관련된 업무를 했고, 이후 장애인 국가대표 선수촌에서 장애인 운동선수 관련 심리 연구원으로 활동하기도 했다. 어느 순간부터 장애인들이 내 삶에 들어왔고 나는 그들의 삶에 들어가게 되었다. 말로 표현하기는 어렵지만 그들과 함께 있을 때 마음 깊이 피어오르는 기쁨은 다른 일을 할 때와는 다른 질감의 기쁨을 느낀다. 여전히 나는 내가 만났던 선수들과 종종 만나 식사를 하기도 하고 삶의 이야기를 공유하고 있다.

어느 정도 몸을 푼 후 본격적으로 수업을 시작했다. 장애인 체육 분야에서 일해 본 경험은 있었지만, 지적 장애 청소년 체육지도를 해본 경험은 이번이 처음이라 어떨지 감을 잡을 수 없었다.

드디어 첫 수업이 시작되고 아이들에게 농구의 기본기를 가르쳤는데 아이들의 집중력이 생각보다 좋아서 놀랐다. 아이들과 뛰고 호흡하며 동작을 할 때마다 격려하고 칭찬해 주니 행복한 미소를 짓는 아이들이 자유로워 보였다. 숨길 수 없는 기쁜 표정을 짓는 모습에 나도 따라 기쁘고 행복하다는 것을 오래 걸리지 않아 깨닫게 된 것이다. 중간 중간 장난을 치거나 동작을 따라 하기 어려워하는 친구들도 있었지만, 도가 지나치지 않은 장난은 통제하지 않고 자연스럽게 받아주니 아이들도 좀 편안해하는 눈치였다. 그러나 수업을 진행하며 몇 번 아이들을 불러 다음 동작을 가르칠 때가 있었는데, 그럴 때마다 아이들은 조금 경직된 모습과 긴장감을 나타내며 내 앞으로 걸어오기도 했다. 그때 리더로 보이는 친구가 다른 아이들을 꾸짖으며 "그러니까 똑바로 하랬잖아!" 라고 소리를 지르곤 했는데, 그런 모습들이 특이해 보여서 유심히 관찰하게 되었다.

나는 아이들에게 체육 수업보다 중요한 것이 스포츠 문화를 가르치는 것임을 직감적으로 강하게 느꼈다. 당연히 그 나이에 할 수 있는 장난과 웃음, 기쁨의 표현을 통제하는 모습을 보며, 그동안 이 아이들이 자유롭게 표현해야 할 동작과 표현이 통제당한 적이 많다는 것을 알아차릴 수 있었다. 얼마든지 표현해도 되는 상황에서 억압하는 모습을 보며 안타까운 마음도 들었다. 지도자인 내가 어떤 말을 하지 않아도 스스로 자신들을 통제하는 모습으로 여러 번 나타났다.

수업의 방향성을 즐거운 수업, 자유롭게 표현하는 수업, 행복한 수업으로 잡았다. 물론 그 안에서 해야 할 교육들을 해 나가지만, 동작을 하며 웃고 떠들고 소리치고 서로에게 피드백 하는 것들에 대해 강압적인 통제를 하지 않았다. 그렇게 자유로운 수업을 진행하니 처음에는 아이들이 의아해하기도 했지만, 금세 적응했고 오래 지나지 않아 즐겁다는 피드백을 보내기 시작했다. 더욱 감사했던 것은 그들이 누리는 자유를 바라보며 삶에서 자주 나를 통제했던 나의 모습을 확인하게 되었고, 그 사실을 깨달은 이후 아이들이 누리는 자유에 합류하여 그 시간을 함께 누릴 수 있었다는 것이다. 그들의 모습이 거울이 되어 나를 비춰준 것이다. 아이들의 그 순수한 에너지가 수업시간에 나에게 고스란히 전해졌고, 그동안 나도 모르게 겹겹이 쌓아왔던 내면의 방어막과 보호 체계들을 잠시나마 허물어지게 내버려두었다. 공동체라는 울타리에서 그들의 에너지를 통해 나 역시 그들에게 동화된 것이다.

첫 수업으로 두 시간 동안 수업을 진행하며 참 많은 생각이 스쳐 지나갔다. 수업 전에 들은 말로 인한 선입견과 그로 인해 파생

되었던 나의 감정들이 기우였음을 확인할 수 있었고, 새롭게 관계를 맺게 된 것에 대한 감사함이 생기기도 했다. 또한 이런 기회를 통해 앞으로 스포츠 현장에서의 일이 확대될 것이라는 기대감도 가질 수 있었다. 상담, 강의, 문화 영역에서 장애인들과 함께 할 것에 대해 구체적으로 그려볼 수 있게 된 선물 같은 경험을 하게 된 것이다.

　매번 상담을 하며 느끼는 것이지만, 사람은 반대편에 앉아 있는 사람이 자신을 어떻게 바라보고 있는지를 귀신 같이 알아낸다. 자신을 동등하게 생각하는지 위에서 내려다보는지 혹은 형식적으로 대하는지 아니면 가식적으로 대하는지 등에 대해 정말 잘 느끼고 통찰해낸다. 장애인과 함께 하며 그들이 더 세세하고 세밀하게 느낀다는 생각을 했다. 물론 비장애인, 장애인 할 것 없이 상처를 많이 받은 사람들은 이런 부분에서 특히 더 민감할 수 있다. 별것 아닌 말에도 날을 세우고 소리를 지르며 화를 내는 것은 그만큼 내 안에 있는 아픔을 건드렸다는 뜻이다. 평생 받아온 타인의 깔보는 시선과 눈빛, 공평하게 대하지 않는 모습들이 마음 깊은 곳에 잔상 같이 남지 않았을 리가 없다. 이런 부분으로 인해 우리는 타인을 경계하게 되고, 벽을 세우고, 방어 체계를 구축한다. 진정한 의사소통과 교제는 이런 장벽에 의해 막혀 버리는 것이다.

어린 시절 부모의 학대 속에서 자란 비장애인 아이들도 소통하지 못하고 사회와 단절하는 것도 같은 맥락이다.

이런 지점에서 우리는 장애인과 비장애인을 구분하고 나눌 필요가 없다. 정상이라고 생각하는 우리 역시 허물이 있고, 아픔이 있고, 고통이 곁에서 항상 존재한다. 스포츠 문화에서 신체적 호흡과 그들의 시간 속에 섞이는 것을 통해 이런 장벽들이 허물어질 수 있을 것이라고 믿는다. 이런 시간은 그들의 치유만을 위해 존재하는 것이 아니다. 이 시간을 통해 그들과 함께 우리도 치유된다. 그들이 자유를 얻는 것 같지만, 우리도 역시 자유를 얻는 경험을 하게 되는 것이다. 그들이 삶에서 사용하는 스포츠라는 도구를 함께 사용함으로써 그들의 문화로 자연스럽게 스며드는 일은 의미 있는 일이다. 새로운 문화라고 생각되는 영역에서 우리는 항상 성장한다. 놀랍게도 그 성장은 혼자일 때보다 함께 할 때 훨씬 더 많이 일어나게 된다. 타인과 함께 땀 흘리고, 타인과 몸을 부딪치고, 경쟁하고, 시합하면서 우리는 어느새 익숙해져 버린 자기중심적인 삶에서 벗어나 타인 지향적이 되는 순간들을 경험하게 되는 것이다. 사랑과 깊은 관계는 단시간에 이루어질 수 있는 것이 아니다. 시간을 보내며 익숙해지고 친해지는 충분한 과정과 함께 서서히 생기는 것이다. 스포츠 현장을 잘 활용한다면 자연스럽게 깊은 관계와 사랑을 몸으로 익힐 수 있다.

소망 주기

소망이 없으면 삶의 동기를 상실하게 된다. 삶에서 건강하고 아름다운 소망을 심어주는 일만큼 상담에서 중요한 일은 없다. 현재 절망과 고통 가운데 있더라도 소망이 있다면 그 끈을 놓지 않고 자신의 분야에서 해야 할 일들을 해나갈 수 있다. 지도자들은 현장에서 소망의 필요성을 기억해야 한다. 부정적인 사고 방식에 빠져 있는 대상들에게 지속적인 소망을 줌으로써 삶을 활력 있고 생동감 있게 변화시키는 일을 할 수 있다는 소명자임을 잊어서는 안 된다. 작은 웃음, 존중하는 태도, 격려 등에서 소망의 불씨는 피어오르게 된다. 자신을 경멸하듯 보는 사람들과 비난하는 대상에 익숙해진 사람들에게 진실되게 다가가 위로하는 것은 위대한 일이다. 소망을 주는 좋은 그림책들이 많이 있다. 그림책을 읽고 나누며 서로 격려하고 소망을 더해 가는 것도 좋은 방법이다. 청소년과 성인들에게도 이 방법은 효과적이다.

장애인 스포츠체육 현장에서의 스포츠멘탈코칭

코로나19 시대의
운동선수들

코로나로 모든 것이 멈추어진 것 같았던 시기에 땀방울을 흘리며 열심히 목표를 향해 달려가던 운동선수들의 일상도 멈추었다. 시·도 대회를 목표로 하는 학생선수는 물론 올림픽과 패럴림픽을 향해 멈추지 않고 매일 반복하던 연습과 훈련에 제한이 생기게 된 것이다. 처음에는 모두 당황했고, 불안해했고, 두려워했다. 인생의 항구에서 자신만의 배를 타고 열심히 순항 중이던 우리 모두가 거대한 풍파와 비바람을 만난 것이다. 선수들은 철저한 습관의 법칙을 사용하여 매일 반복되는 자기 관리를 했고, 생활 루틴이라는 것을 사용하여 주어진 시간을 최대한 알차고 의미 있게 쓰려고 노력한다. 또한 올림픽 메달이나 각종 체전 입상 등 정확한 목표와 동기를 갖고 하루하루를 도전하고 견디며 살아간다. 완벽할 순 없지만 완벽해지려는 목표를 갖고 살아가는 선수들의 심리는 때론 탈진과 소진을 일으키거나 불안감과 부담감, 우울증이라는 감정을 불러일으키기도 한다. 하지만 목표가 있기에 그런 장애물들을 넘어서며 뚜벅뚜벅 걸어간다.

선수들의 목적과 방향성은 분명하다. 그래서 스포츠 현장에서 스포츠심리상담사들이 주로 지원하는 부분은 경기력 향상을 위한 스포츠심리기술 훈련이다. 과학적 훈련(루틴, 심상, 목표 설정, 자기관리, 수행전략 등)을 통해 선수들이 경기 현장에서 최상의 경기력을 보일 수 있도록 하는 중요한 역할들을 수행한다.

그러나 2020년 2월 중국 우한에서 처음으로 나타난 코로나 바이러스는 선수들의 마음속 깊이 묻어 두었던 여러 가지 감정을 불러일으키고 있다. 현장에서 만나는 많은 선수들은 공황, 우울, 불안, 분노, 공포의 감정을 경험하고 있었다. 반복했던 일상과 패턴이 깨지자 참고 눌러두었던 감정이 터져 나오기 시작한 것이다. 높은 기준을 설정하며 살아왔던 선수들이 기준과 동기를 잃어버리자 중간 목표를 잡기 어려워했으며, 아무 것도 하지 못하고 멈춰야 하는 순간에 적절히 대응하거나 적응하지 못했다. 이로 인해 나타나는 여러 감정이 그들의 상황을 불편하게 하고 있는 것이다.

물론 하반기에 접어들면서 온라인을 통한 운동 방법과 점진적인 훈련 기관 재개방 등을 통해 다시 예전으로 돌아간다는 희망이 피어오르기도 했지만, 반복되는 전염병에 대한 악순환으로 방향을 잡지 못하고 방황하는 수많은 운동선수들이 지금도 매우 다양한 감정과 씨름하고 있다.

〈보리 vs 매켄로〉 영화 속에 나타난 선수들의 심리

실화를 바탕으로 한 영화 〈보리 vs 매켄로〉에서 1980년 최고의 라이벌인 비에른 보리와 매켄로는 윔블던 결승에서 세기의 대결을 펼친다. 세계 랭킹 1위에 빛나는 24세의 테니스 선수 보리는 윔블던 5연승을 목표로 잡고, 그보다 어린 존 매켄로는 2인자로서 보리를 꺾고 정상에 오르는 것을 목표로 한다.

이 경기 이후 두 사람의 인생도 영원히 달라졌다. 매일 반복하는 지독한 연습과 육체의 한계를 시험하는 자신과의 싸움은 그들에게 반복되는 일상이었다. 홀로 훈련을 진행하며 반대편에는 공을 뿌려주는 기계가 있고, 거친 숨을 몰아쉬며 습관처럼 운동을 해나가는 두 선수가 있다. 양쪽의 목표와 동기는 오직 윔블던대회 우승이었다.

'완벽한 선수'란 사람들이 보리를 부르는 수식어이다. 감정이라 곤 없는 듯한 모습을 가진 보리는 늘 냉담하고 침착해 보인다. 쉽게 흥분하지도 않고 아무렇게나 분노를 내뿜지도 않는다. 경쟁자에게 약간 신경을 쓰는 것 같지만, 보리는 늘 표정을 감추고 감정을 드러내지 않는다. 전용경기장에서만 훈련을 하고 자동차도 늘 타던 것만 탄다. 늘 같은 수건을 쓰며 의자도 쓰던 것이 아니면 안 된다. 시합 전 새벽까지 테니스 라켓을 매만지며 점검하는 모습을 통해 보리가 전형적인 완벽주의자의 성향을 가지고 있다는 것을 알 수 있다. 이런 성향은 관계에서도 나타나는데 늘 그를 이해해 주는 지도자와 예비 신부 앞에서도 형식적으로 반응할 뿐이다. 사소한 스트레스에 굉장히 민감한 모습을 보이고 예민한 모습을 나타내기도 한다.

반대로 매켄로는 감정을 참지 않고 드러내는 성향의 선수이다. 심판에게 막말을 하기도 하고, 누구에게든 분노를 참지 않고 터뜨린다. 알 카포네 이후 최악의 미국인이라는 이야기를 듣기도 하는 매켄로는 늘 관중에게 야유를 당하지만 승부욕만큼은 타의 추종을 불허한다. 그는 아이디어가 샘솟을 때 펜을 들고 벽에 마구 낙서를 할 만큼 자유로움을 추구한다. 친구들과의 교제나 화려한 파티를 통해 쌓인 스트레스를 푸는 것도 그가 가진 패턴이다. 그는 우연히 보리가 TV에 나오는 모습을 보고 이렇게 중얼거린다.

"나도 이 악물고 저렇게 해봤어. 감정을 완전히 감추는 것 말이야. 근데 나에게 저건 불가능한 방법이야. 저 친구는 도무지 인간 같지가 않아. 어떻게 저럴 수 있지?"

그도 승리를 위해 자신이 할 수 있는 모든 방법을 동원하여 끊임없이 노력했다. 다만 그는 자기에게 맞는 방법으로 자신의 감정을 조절하고 있었다. 오직 단 하나의 목표인 윔블던 우승을 위해서 말이다.

두 명의 위대한 테니스 선수가 갖고 있는 심리 체계는 윔블던 대회 준비 기간 중에서도 나타난다. 서로에 대한 극심한 경쟁심리, 불안, 분노, 통제력, 탈진 등의 감정은 선수 생활 내내 그들을 압박하고 괴롭히는 정서가 된다. 심지어 보리는 공황장애로 인해 쓰러지기도 한다. 물론 승리 뒤에 오는 쾌감과 순간의 즐거움들은 존재하지만 말이다. 영화 속 장면에서 밤을 새워 테니스 라켓을 만지며 장비 상태를 확인하는 보리와 음악을 듣고 화려한 파티에 참석하면서 불편한 심리를 해소하는 메켄로. 서로 다른 듯 하지만 그들은 자신의 방법으로 심리를 다루고 있다.

보리가 감정을 드러내지 않고 참는 유형이라면, 메캔로는 전혀 반대의 유형이다. 수치화한다면 보리는 0, 분출하는 매켄로는 10

으로 볼 수 있다. 이들에게 중간이란 단어는 존재하지 않는다.

눈여겨볼 점은 이들의 어린 시절과 선수 생활의 마지막 장면이다. 보리는 어릴 때부터 승부욕이 강한 아이였다. 문제는 분노조절이었는데 지나친 승부욕으로 인해 나타나는 분노를 조절하고 다스리는 방법을 알지 못해서 큰 대회에서 좋은 성적을 거두지 못하곤 했다.

한마디로 성질이 문제였는데, 강한 고집을 가진 그를 제어할 사람이 없을 정도였다. 또한 대회에서 졌을 때에는 극심한 불안과 우울감을 쉽게 드러내는 매우 감정적인 아이로서 시합에서 지고 집에 들어오면 그의 아버지는 운동을 그만두게 한다고 협박하는 등의 극단적인 모습을 보이곤 했다. 이런 성격으로 인해 보리의 지도자가 자주 바뀌곤 했는데, 중요한 시기에 만난 한 지도자가 보리의 인생에 큰 영향을 미치게 된다.

새로운 지도자는 보리의 심리적인 부분에 대한 지도를 하기 시작한다. 분노 폭발에 대해 강하게 지적하고, 보리에게 분노를 억제하는 트레이닝을 시킨다. 보리는 습관처럼 내뿜던 화를 마음속에 저장하기 시작했고, 점점 분노 때문에 경기를 그르치는 경우가 줄어들면서 좋은 성적을 거두기 시작한다. 그런 방법이 통하자 보리는 반복적으로 자신의 감정을 누르는 일을 자발적으로 하게 된다. 그러나 감정 통제로 인한 부작용 역시 발생하게 된다.

어린 시절 매켄로에게도 보리와 같은 공통점이 있었다. 매켄로 또한 승부욕이 강했다. 그는 이미 유명해진 보리의 사진을 방에 걸어 놓고 그를 이기기 위해 반복적인 연습을 했다. 매켄로의 어머니는 매우 엄격했는데 공부를 잘했던 메켄로를 결코 쉽게 인정해 주지 않았다. 96점의 점수를 받아와도 4점이 모자라다며 비난을 했고 그의 노력에 대해서 어떤 인정도 해주지 않았다.

그를 늘 통제하고 압박한 것이다. 영화에서는 그런 면에서 매켄로의 부모와 보리의 부모는 비슷한 성향을 가진 것으로 묘사된다. 계속 잘해야 된다는 부담감 때문에 그는 지속적인 압박감을 느끼게 되고 감정의 분출을 통해 잠시나마 압박감에서 벗어나려고 했던 것이다. 반드시 1등을 해야 인정받고 사랑받는다는 것이 그들의 세계관이 되어버린 것이다.

늘 참지 못하고 화를 내는 매켄로에게 그의 가장 친한 친구는 이렇게 말한다.

"넌 언젠가 윔블던에서 1등을 하게 될 거야. 이번이 아니더라도. 그런데 사람들이 널 최고로 기억하진 않을 거야. 왜 그런지 알아? 아무도 널 좋아하지 않거든."

이런 성격적 부분들이 그들의 운동 현장에서도 고스란히 나타나게 된다.

"나도 미친 듯 달려서 여기까지 왔다고요."

영화는 다른 듯 닮은 두 선수의 심리적 성향에 대해 세밀하게 묘사하며 마지막 윔블던 대회의 장면을 향해 스토리를 이어간다. 1만 5천 명의 관중과 전 세계인들 앞에서 그들은 완벽한 감정통제와 화끈한 감정분출로 각기 다른 방식으로 지상에서 두 번은 없을 세기의 대결을 펼치게 되는 것이다. 서로가 서로를 향해 분노를 내뿜듯 스윙하며 각자 내면에 있는 분노를 서로에게 분출한다. 반복되는 매치포인트와 세트 연장전에서 그들은 두 완벽주의자가 보여 줄 수 있는 최상의 모습으로 매치를 치른다. 결과에는 상관없는 듯 그들은 오직 한 포인트 한 포인트에 집중해 최선을 다하는데, 두 선수의 길은 경기 직후 완전히 다른 방향으로 흘러가게 된다.

긴 여정을 승리로 끝내고 윔블던 5연승이라는 위대한 업적인 남긴 보리는 불안으로 인한 심리적 압박감을 이기지 못해 26살이라는 이른 나이에 은퇴를 결정하고 운동선수와는 관련 없는 전혀 다른 삶을 살아가게 된다. 매켄로는 이 대회의 준우승을 시작으로 다음 해 보리를 꺾고 윔블던의 우승자가 되지만, 다음 동기를 찾기 위해 고전한다.

목표를 잃은 운동선수가 겪을 수 있는 힘든 감정들

현장에 있으면 운동선수들이 겪고 있는 다양한 정서적 문제들을 만날 수 있다. 최상의 자리를 지키고 있는 국가대표 선수들은 물론 청소년 선수들까지도 운동에 큰 부담감을 갖고 있었다. 또 지나치게 높은 목표에 따른 강도 높은 심리적 어려움과 싸우고 있는 것을 볼 수 있었다. 여기서 눈여겨볼 점은 많은 선수들이 자기 감정을 강도 높게 통제하는 방식으로 감정 조절을 해나간다는 것이다. 도덕주의적이고 율법적인 종교인들처럼 내면의 부드러움을 상실하게 되는 것이다. 다양한 과학적 연구에서도 이런 완벽주의 성향의 선수들이 갖고 있는 정서 체계에 대해 언급하고 있는데, 소화시키지 못한 감정은 많은 문제적 행동과도 연결된다고 보고하고 있다.

음악가나 무용수, 연기자 또는 운동선수들처럼 주기적으로 사회적 관계 안에서 자신의 역할을 수행해야 하는 이들은 그 상황에서 발생하는 불안이나 긴장, 공포 등의 정서를 자주 경험한다. 대부분의 수행자들은 자신의 분야에서 얼마나 뛰어난지, 성취 목표를 달성하는지에 대해 크게 의존한다. 정확한 목표와 동기가 설정되어 있기 때문에 그 목표에 달성해야만 자신의 정체성과 가치관을 보존 받는 것이다.

만일 수행 완벽주의자가 기준에 달성하지 못하거나 동기를 상실한 경우, 우울함과 걱정, 불안에 빠진다고 많은 학자들이 강조한다. 대부분의 운동선수들은 '완벽한' 성적을 향해 끊임없이 자신을 채찍질하고, 그것을 달성하기 위해 모두 높은 기준을 설정해 놓고 살아간다.

대회에 대한 압박감을 가지고 있기도 하다. 그럼에도 불구하고 운동선수들은 자신이 맡은 바를 수행하기 위해 의지를 발휘한다. 선수촌의 불이 꺼질 줄 모르며, 반복되는 훈련과 땀방울은 그것을 이겨낸 운동선수들에게 보상을 안겨준다. 동기는 사람으로 하여금 어떠한 행동을 유도하는 요인으로 개인이 가지고 있는 욕구, 필요, 추진력, 행동 등 유기체로 하여금 목표 지향적인 행동을 하도록 형성화시키는 의식적, 심리적, 정신적 에너지이다.

위에서 본 보리와 매켄리처럼 끝없이 목표를 향해서 질주하며 우승을 통해 주어지거나 획득할 수 있는 자원을 동기로 살아가고 있다. 위에서 기준치에 도달하지 못한 경우 이들은 여러 종류의 부정적 정서에 시달리기도 하는데, 그나마 운동 수행 시에는 자신이 최선을 다했으며 열정을 쏟았다는 이유로 어느 정도 부정적인 감정들을 승화시킬 수 있다. 그러나 최근 코로나로 말미암아 의도하지 않게 기준치를 달성하지 못하고 목표를 성취하지 못하게 된 선수들은 그동안 한 번도 경험해 보지 못했던 새로운 심리 조절이 필요하게 된 것이다. 어쩌면 살아가면서 한 번도 멈춘 적이 없었던 운동선수들의 수행이 코로나 바이러스를 이유로 잠시라도 멈추게 되면서, 대회라는 목표만을 향해 달려갈 때는 미처 보지 못했던 다양한 감정들에 더 큰 영향을 받고 있는지도 모른다. 잔잔한 삶 가운데서 고개를 들어버린 불안, 두려움, 공포, 분노 등 다양한 감정 앞에서 많은 운동선수들은 당황하고 있다. 그들은 운동 수행이라는 도구를 사용하여 감정을 해소하고 배출하지 못하는 현실 앞에서 여러 가지 어려움을 겪고 있는 중이다.

진정한 행복을 찾아서

선수들과 상담을 할 때 빛을 발견하는 지점이 있는데, 그 순간은 본인이 운동을 선택하고 즐겁게 몰입했던 기억들이다. 그 기억은 상담 과정 중 희망과 소망의 실타래가 된다. 상담을 통해 우리는 그 순간으로 다시 돌아가는 작업을 한다. 운동선수들을 만나서 그들이 살아온 인생 이야기를 듣는 것은 행복한 일이다. 그들의 언어를 통해 그들이 갖고 있는 세계관을 살펴볼 수도 있고, 마음 깊숙이 자리 잡은 욕구도 볼 수 있으며, 춤출 듯 움직이는 역동적인 감정마저 함께 살펴볼 수 있다. 이런 과정을 통해 우리는 진정한 동기와 정체성을 찾는 길을 함께 걸어가는 것이다.

성공과 목표를 달성하는 것도 중요한 일이지만 그보다 더 중요한 세계관을 갖게 된다면 그들의 삶이 더 찬란하게 빛나지 않을까 생각한다. 또한 어려운 시기에 그들이 발산하는 건강한 에너지로 우리의 삶도 더욱 풍요로워지게 될 것을 기대해 본다.

PART 3

운동선수들을 위한
해결책

SPORTS MENTAL COACHING BIBLE

완벽주의

선수 : 시합 중에 지나친 부담감이 생겨요. 시합이 다가올수록 불면증도 심해지고, 쉬는 시간이 주어져도 머릿속에서 생각이 계속 돌아서 멈추기가 힘들어요. 그런 부분으로 인해 컨디션 관리가 되지 않으니, 본 시합에서 연습 때만큼 성과가 안 나옵니다.

상담사 : 시합 준비 과정에 어떤 루틴이 있나요? 루틴을 철저하게 준수하는 편인가요?

선수 : 음, 그렇죠. 저의 경우 정해 놓은 루틴에 대해 수행하지 않고 시합에 들어가면 찜찜해요. 실제로 연습 중간에 루틴을 빼먹은 것을 발견하면 잠시 연습을 중단하고 밖으로 나가 다시 루틴 동작

을 하고 돌아오기도 해요.

상담사 : 그렇군요. 정해 놓은 동작을 정확하게 하지 않을 때 부적절한 감정이 드는군요. 대인관계는 어때요?

선수 : 그게. 사실 제가 좀 '버럭' 하는 편이에요. 주로 친구들이 그런 저를 이해해주고 받아주죠. 제가 좀 강한 편이어서 제 뜻대로 되지 않을 때 화가 나고 짜증을 부려서 주변에 사람이 많은 편은 아니에요. 몇몇 친구들이 저에게 주로 맞춰주긴 해요. 감정 표현도 많이 하지 않고요.

상담사 : 대인관계에서도 잘 표현하기보단 주로 본인 뜻대로 이끌어 나가는군요. 제가 볼 때 높은 기준들과 관련된 것으로 보입니다. 시합 전에 쉬지 못하고 생각이 많은 이유도 정서적 조절 측면과 관련된 것 같고, 대인 관계에서 내는 짜증도 본인이 갖고 있는 사고와 연관이 있는 것으로 보입니다.

선수 : 높은 기준이요? 어떤 선수들이나 다 그러지 않을까요?

상담사 : 선수들에게 꼭 필요한 것이 완벽주의의 조절입니다. 올림

픽을 목표로 운동을 하는 선수들이나 프로에서 자신을 증명하기 위해 운동하는 선수들 모두 높은 목표를 바라보고 살아가고 있기 때문에 실수하고 틀리는 것을 스스로 용납하지 못할 때가 많습니다. 최상의 수행을 하기 위해 늘 그런 압박감을 달고 있는 것이죠. 이때 선수들 앞에 도사리고 있는 것 중 하나가 완벽주의입니다.

상담사 : 보통 완벽주의라고 하면 부정적으로 보기 쉬운데 그렇지만은 않습니다. 학자들이 말하는 바로는, 완벽주의에는 크게 세 종류의 완벽주의가 있다고 합니다. 건강한 완벽주의, 부정적인 완벽주의, 적당주의가 그것입니다. 타인을 비난하고 감정조절을 잘하지 못하고 잘 쉬지 못하는 등 부정적인 행동으로 나타난다면 '지금 건강하지 못한 완벽주의 상태에 있구나' 라고 생각하면 됩니다. 그렇게 구분하고 자각하는 것이 정서 조절의 첫 단계입니다. 극단적인 완벽주의의 경우 삶의 모든 면에서 자신을 통제하려고 하고, 감정 표현까지 차단하려는 경향성이 있습니다. 이런 것이 악순환이 되면 대인관계나 퍼포먼스에서도 영향을 미치게 됩니다.

선수 : 아, 그런 것 같아요. 사실 말씀드리지 않았지만, 시합 전에 섭식과 관련된 어려움도 겪고 있어요. 체중조절을 해야 하는 운동인데 살이 찔까봐 종종 심한 스트레스를 받을 때가 있어요. 어떤

방법으로 해결해 나갈 수 있을까요?

상담사 : 이론적인 말보다 실제로 완벽주의의 조절과 감정 표현에 대해 어떻게 연습하면 좋은지 비유로 말씀해 드릴게요. 과거에 실패를 모르는 한 왕이 살고 있었습니다. 왕위를 물려받은 지 얼마 되지 않은 이 왕은 권력을 강화시키기 위한 욕심으로 인해 백성들에게 더욱 강도 높은 노동을 시켰습니다. 처음에는 노동량이 늘어나자 큰 수익을 거두었지만, 시간이 지나자 백성들은 지쳐갔고 왕에게 원망을 하기 시작했습니다. 다수의 백성들은 병들고 지치기도 했어요. 이때 몇몇 충신들이 왕에게 지혜로운 이야기로 권면을 합니다. 노동량을 줄이고 백성들의 마음을 헤아려 달라는 내용이었습니다. 그러나 왕은 충신들의 말을 듣지 않고 오랜 기간 나라와 충신들을 통제하게 됩니다. 그래서 항상 경직되어 있고 지나치게 완고한 왕에게 화라는 감정은 항상 따라다니게 돼요. 그러나 세월이 흘러 왕은 결국 중병에 들게 됩니다. 왕이 병에 걸렸고 어떤 의원도 고치지 못했습니다. 긴 시간을 투병하면서 왕은 비로소 인생에서 자신이 컨트롤할 수 없는 부분이 있다는 사실을 깨닫게 되었어요. 모든 것을 손에 쥐고 컨트롤할 수 있다는 생각에 금이 가기 시작한 겁니다. 또한 의사들이 자신의 병을 고치지 못하는 것을 보고 원하는 대로 되지 않는 인생에 대해 깊은 생각을 했습

니다. 왕의 마음은 전보다 부드러워졌고 사고는 유연해졌습니다. 늘 자기 위주로 생각하던 방식에서 벗어나 타인의 마음에 관심을 기울이게 되었고, 자기 말만 늘어놓았던 의사소통 방식에서 타인의 말을 경청하는 방식으로 변하게 된 겁니다. 그 이후로 왕은 10년이란 세월을 병상에 누워서 국가를 통치했지만, 백성과 신하들을 통제하지 않고 다양한 사람들과 소통하게 됩니다. 그리하여 백성들은 삶에 활력을 찾고, 신하들도 안심하고 일을 할 수 있게 되었습니다. 비록 병이 들었지만 왕은 그동안 단 한번도 경험해 보지 못한 평안함을 얻을 수 있었습니다.

선수 : 이야기 속에서 저의 모습들을 확인해 볼 수 있게 된 것 같아요. 늘 저 자신과 타인을 통제하려고 했으며, 제 중심으로 소통하려고 했던 그간의 나를 확인하게 된 것 같아요. 통제할 수 있는 부분과 그렇지 않은 부분에 대한 정리를 좀 해봐야 할 것 같아요.

상담사 : 잘 짚어 내셨어요. 인간이 가진 욕구 중 자기중심성과 통제력은 우리의 감정에 깊은 영향을 주게 됩니다. 이런 상태에 있을 때 우리와 관계하는 타인에게도 그 영향력이 흘러가게 되고요. 초반에 언급한 대로 그런 상태에 있는 나 자신에 대해 자각하는 것이 중요하고, 무엇에 대해 내가 지나치게 통제하고 있는지를 잘

파악하고 조절해 나간다면, 다양한 증상들과 대인관계 소통에서 더욱 유연해지고 자연스러워질 수 있을 겁니다.

자아상

선수 : 운동을 하면서 옆에 있는 친구가 자꾸 견제되고 신경이 쓰여요. 시합 상황에서도 마찬가지로 내 플레이에만 신경 쓰지 않고 자꾸 주변과 타인을 의식하게 되어서 방해를 받는데 어떻게 해결할 수 있을까요?

상담사 : 혹시 운동 수행 중이 아닌 상황에서 실수하거나 잘못할 때 마음은 어떤가요?

선수 : 음. 그럴 때도 많이 위축되고 소심해지고 그러는 것 같아요. 자책도 많이 하는 편이에요.

상담사 : 그렇군요. 실수를 하거나 잘못했다고 생각했을 때 자신에 대해 부적절하다고 느끼거나 형편없다고 느껴지고 그러나요?

선수 : 좀 스스로에 대해 관대하지 못한 편이에요. 잘못했을 때 스스로 자책도 많이 하고 채찍질하는 편이에요. 특히 운동 수행 중 의도한 대로 되지 않을 때 그런 제 자신에 대해 너무 화가 나요.

상담사 : 수행 중 실수나 실패가 결국 화라는 감정이랑 이어지는군요. 시합 중에 자기 루틴이나 수행에 집중하지 못하고 타인에 의해 영향을 받는 부분도 많이 힘드시겠어요. 지금까지 이야기로는 결국 자아상에 대해 말씀하시는 걸로 들려요.

선수 : 자아상이요? 조금 쉽게 말씀해 주실 수 있으세요?

상담사 : 인간의 자아 개념이란 자신에 관해 세워 놓은 스스로의 느낌과 생각의 체계예요. 이런 체계는 다양한 통로로 영향을 미치는데 우리가 어릴 때부터 관계했던 사람들로부터 어떠한 대우, 사랑과 보호를 받았는가 하는 것과 관계가 있습니다.

상담사 : 이 외에도 문화적 관점이나 세계관적인 부분도 다루어야

하지만 이번 시간엔 관계의 측면으로만 다룰게요. 살아가면서 우리가 겪었던 관계로 인해 우리의 자아상에 영향을 받았다면, 지금도 우리는 타인에게 영향을 줄 수도 있고 받을 수도 있는 그런 영향 속에 살아가고 있습니다. 특히 비난이나 비판을 받을 경우에 자기 자신이 작아지거나 위축되는 현상은 관계를 통해 자아상에 영향을 받게 된 것으로 보입니다. 타인의 말들이 내 안에 깊이 들어와 영향을 미친 거죠.

선수 : 비난과 비판. 맞아요. 실제로 경험할 때도 그렇지만 사람들이 쳐다보는 시선이나 판단하는 모습을 보면 날 비난하는 게 아닌가 생각이 들어 위축되기도 해요. 특히 경기장에서 여러 사람이 쳐다보고 있을 때 더 힘들어요. 그런 부분은 어떻게 극복해 갈 수 있나요?

상담사 : 이론적인 이야기보다 실제로 부정적인 자아상, 비난과 비판에 대해 어떻게 받아들이면 좋은지 비유로 말씀해 드릴게요. 자, 지금 00선수가 출항을 앞둔 배라고 생각해 봅시다. 당연히 바다에 떠있는 상태이고요. 주변에 00선수 말고 다른 배들도 여러 척 떠 있을 거예요. 배의 모양들도 가지각색이고 크기도 제 각각이에요. 이 배의 공통점은 모두 목적지가 있다는 겁니다. 00씨도

운동선수니까 단기적 또는 장기적 목표가 있을 거예요. 자아상이 취약한 배는 출항 전에 배를 정비하고 단장하고 목표를 다잡기보다 타인의 배는 어떤가에 대해 더 많은 관심을 갖고 비교합니다. 늘 나의 배에 대해서는 단점을 생각하고, 타인의 배의 좋은 점을 생각하며 비교하는 것이죠. 이런 현상은 비단 출항 직전에만 생기는 것이 아니라 항해 중에도 발생합니다. 나의 수행에 온전히 전념할 수 없기 때문에 수행 속도는 느려지고 방향성도 틀어지는 거죠. 지금 말씀드린 부분이 자아상에 대한 적절한 비유입니다. 찌그러져 있는 자아상은 나 이외의 다른 세상까지 건강한 눈으로 보지 못하게 합니다. 이런 부분 때문에 타인과 교류하거나 소통하는 것이 어렵게 되기도 해요. 비난과 비판에 대해서는 어떻게 생각하는 게 좋을까요? 항해 중 우리가 통제할 수 없는 비바람과 폭풍 같은 자연현상으로 생각하는 게 좋아요. 사실 모든 인간은 타인을 비난하고 비판합니다. 폴 트루니에라는 심리학자는 인간은 비판을 '수건돌리기 하듯 한다'라고 표현했어요. 어떤 인간이든 자기를 비판하는 마음이 있는데 그 감정을 갖고 있기 힘들면 타인에게 던진다는 의미로 그렇게 표현한 거예요. 그런 면에서 항해하는 도중에 내리는 비와 강풍 정도로 생각을 하는 거죠. 필연적으로 내리는 자연현상처럼 우리가 살아가는 삶과 스포츠 현장에서 그런 현상들은 계속해서 일어날 거예요. 그때 그것을 끔찍하게 여기거나 반드시 피해야 할 것들로 생각하기보다 당연한 자연현상으로 생각하고 항해를 할 때 비와 바람은 언젠간 멈추더라, 그 시간을 견디면 흘러갈 것이라고 생각을 전환하면 비난과 비판에 강해질 거라고 생각해요. 물론 훈련이 필요합니다.

선수 : 아! 제 자신에 대해 조금 더 생각해 볼 수 있는 계기가 된 것 같아요. 자아상이 건강해지려면 시간이 걸리겠지만, 이번 시합에서 비난과 비판에 대응하는 방법은 당장이라도 적용해 보고 싶어요.

의사소통

선수 : 집단 안에서 힘든 일이 있을 때 누군가에게 말하기가 쉽지 않아요. 팀 안에서 대화가 단절되어 있는 것 같아요. 여러 명이 있지만 혼자 있는 것 같은 고립감을 느끼기도 해요.

상담사 : 팀 안에서 소통이 잘 안 되고 있나 봐요. 지도자와의 소통은 어떤가요?

선수 : 필요한 이야기만 하는 편인 것 같아요. 사실 무언가 말하는 게 아직 어색하고 어렵긴 해요. 감독님이 좋은 분이지만 괜히 어색해서요.

상담사 : 네. 편하게 대화하는 일이 쉽지 않죠. 집에서는 부모님과 대화하는 편인가요?

선수 : 밥 먹을 때만 간단히 이야기해요.

상담사 : 감정을 소화시키는 것이 중요한데 그런 부분이 잘 안 되고 있는 것 같아요. 누군가에게 말하는 것을 통해 감정이 정화되는 게 중요하거든요.

선수 : 감정 정화요? 그런 말은 처음 들어봐요.

상담사 : 상담이란 것은 기본적으로 의사소통을 통한 해소 행위에요. 대화를 함으로써 주의를 환기시키고 서로 받아들이고 촉진시키는 역할들을 하게 돼요. 최근에 많이 하는 집단상담을 통해서도 자아를 발견하고, 자신을 표현하고, 자기와 타인을 용납하며 성장하기도 해요. 다양한 이야기를 통해서 세계관이 확장되기도 해요. 그런 면에서 대화는 굉장히 중요해요.

상담사 : 보통 청소년기만 지나도 부모님과 대화를 하는 시간이 적어지는데, 부모님과 개방형 대화를 한 사람들이 폐쇄적 대화를

한 사람들보다 정서적으로 건강하다는 결과들이 연구에서도 많이 나타나고 있어요.

선수 : 아 그렇군요. 그냥 표현을 하면 되나요? 아니면 어떤 좋은 방법이 있을까요?

상담사 : 기본적인 것이긴 한데, 경청을 하는 것이 굉장히 중요해요. 타인의 기쁨과 슬픔에 공감해 줄 수 있는 사람이 되면, 자신도 그것을 타인에게 표현하기 쉬워지거든요. 사실 운동 문화에서 서로의 감정표현을 은어나 짧은 문장으로 대체하는 경우들이 있는데 그건 좋은 표현 방식이 아니에요. 모든 사람에게는 아니어도 적어도 한 사람만이라도 자신의 속 이야기를 나누고 감정을 표현할 수 있는 사람이 있어야 해요. 그게 정말 중요합니다.

선수 : 지금 말씀을 듣고 보니 그런 부분이 잘 안됐던 것 같아요. 그래서 더 많이 힘들었다는 생각도 들어요.

상담사 : 실제로 많은 상담학자들이 연구를 통해서 증명한 것은, 누군가 나의 말을 들어주고 공감해 주는 것만으로 많은 어려움들이 해결된다는 거예요. 감정적인 부분으로 인해 소화를 하는 것

에 어려움이 있던 사람들이 회복되기도 한답니다. '설마?' 할 수 있겠지만 그만큼 의사소통은 중요해요. 그리고 때론 외로운 사람들의 경우 단순히 끝까지 그들의 말을 들어주는 것만으로 큰 도움이 되요. 우리 주변에 그런 사람이 있는지 찾아보고 먼저 다가가 보는 것도 좋은 방법이에요.

선수 : 음. 사실 운동 스케줄이 빡빡해서 너무 나만 챙긴 것 같다는 생각도 들어요. 대인관계에 더 신경 써야 할 것 같고, 특히 대화를 잘 해야겠다는 생각이 들어요.

상담사 : 네. 마지막으로 남이 말할 때 반 정도 듣고서는 다 알겠다고 생각한다든지, 저 친구는 저런 생각을 가지고 있을 거라고 미리 판단하는 것은 대화에 좋지 않아요. 끝까지 다 듣고 대화 속에서 어떤 맥락으로 말했는지 어떤 상황에서 말한 건지를 판단하지 않고 들어주는 연습을 해보세요. 도움이 될 겁니다.

집단상담의
필요성

지도자 : 선생님. 팀 상담을 통해 얻을 수 있는 것이 무엇일까요?

상담사 : 집단상담할 때 가장 좋은 점은 집단 반응의 유익함을 한 개인에게 돌릴 수 있다는 사실입니다. 즉, 팀 내에서 상대적으로 위축되어 있거나 어려움을 겪는 선수가 있다면 이 집단상담을 통해서 이 선수가 집중적으로 격려받을 수 있다는 뜻입니다. 같은 영역에 있는 사람들끼리 소통을 하고 나눌 때 특히 긍정적인 측면과 강점에 대해 더 효과적으로 지원해 주는 것만으로 선수들의 자아상이 회복되고 성장할 수 있어요.

지도자 : 인원은 몇 명 정도가 적당할까요?

상담사 : 10명이 넘지 않도록 하는 편이 좋습니다. 집단 안에서 복잡하고 미묘한 일들이 많이 일어나게 됩니다. 인원이 너무 많으면 원활한 의사소통에 어려움을 겪는 선수들도 나오게 됩니다. 그런 경우 전체가 효과를 얻지 못하는 일도 생깁니다.

상담사 : 팀 상담의 유용성에 대해 좀 더 말씀드리면 가장 중요한 단어는 '용납'이라는 단어입니다. 현대사회에서 많은 선수들이 수용 받고 용납 받는 경험들을 하지 못하고 있습니다. 개인 중심적인 사회에서 타인에 대한 관심이 줄어들고 있고, 타인의 속 이야기를 듣는 것이 어려운 시대가 되었습니다. 팀 상담을 통해 서로의 행동과 감정을 받아들여주는 것만으로도 상당한 효과가 있습니다. 또한 현장에서 많은 청소년들과 선수들이 책임감에 대해 배우지 못하고 팀에 들어온 경우들이 있는데 책임감에 대해서도 배울 수 있습니다. 유념해야 할 점은 선수 자신이 스스로를 찾고 자신을 온전히 받아들일 수 있도록 긍정적인 방식에 초점을 둔 상담을 하는 것이 효과적이라는 것입니다. 격려를 받은 선수들은 수행에서도 긍정적인 수행을 하게 됩니다. 자아상이 부정적인 선수들을 위해 성취할 수 있는 프로그램을 구성해서 작은 성취감을 느끼게 해보는 것도 중요합니다. 이런 작은 경험들은 모여 결국 좋은 자아상을 만들게 됩니다. 물론 무조건적인 긍정이나 수용을 하라

는 말은 아닙니다. 선수의 욕구를 충족시켜주는 방법보다는 선택과 책임감을 길러주는 방향이 건강한 집단상담의 방향입니다.

지도자 : 그렇군요. 상담사를 선택할 때 생각해야 할 점들이 있을까요?

상담사 : 아까 말씀드린 대로 상담에서는 굉장히 복잡하고 미묘한 문제들을 다루어야 하기 때문에 인간관계에 대해 잘 훈련받고 경험이 많은 사람이어야 합니다. 또한 어려울 수도 있지만 그 상담사가 갖고 있는 사상이나 가치관, 철학에 대해 유심히 살펴보는 것이 중요합니다. 어떤 이론을 사용하는지 보다 먼저 확인해야 할 것은 상담사가 갖고 있는 철학에 대한 부분입니다. 가능하면 그런 부분을 꼭 확인해보세요.

지도자 : 고려해야 할 부분에 대해 잘 설명해 주셔서 감사합니다. 팀 상담에 대해 여러 가지 고민이 있었는데 설명을 통해 알게 되었습니다.

상담사 : 네, 집단상담을 통해 할 수 있는 것들은 이 외에도 더 있습니다. 문화와 시대 철학에 대한 부분도 함께 공부하면 선수들

의 시야가 크게 확장될 수 있을 거예요. 교육 내용별 그림책을 통한 집단상담도 제가 구상하고 있는 방법 중 하나입니다. 선수들에게 도움이 될 만한 많은 시도들을 해보시길 응원합니다.

분노

학부모 : 아이가 분노를 조절하지 못하는 것 같아요. 집에서도 그렇고 운동 할 때도 마찬가지에요. 걱정이 됩니다.

상담사 : 언제부터 분노 노출 습관이 형성되었나요?

학부모 : 어렸을 때부터 그랬어요. 그런데 습관이라니요?

상담사 : 분노는 주로 성장하면서 배운다고 상담학자들이 말합니다. 또한 사람과의 관계에서 배우고 발전시킵니다. 폭발적인 분노도 분노이고, 냉담해 보이는 정서의 형태도 분노입니다. 과격하게 분노를 표출하는 게 어린 시절부터 반복 되었다면 그것은 습관화

된 것일 겁니다. 타인을 통해 배운 분노들도 자신의 것들로 사용될 수 있습니다. 자신도 모르게 자기의 몸에 익혀지는 것이라고 보면 됩니다. 분노는 단순한 감정이 아닌 전인격적인 부분이라고 생각하셔야 합니다. 어릴 때부터 가까운 사람이 분노 표현을 부정적으로 한 경우, 분노 자체의 감정에 대해 부정하는 경우들도 심심치 않게 보이고 있습니다. 분노는 선한 방향으로 사용할 수도 있고 그렇지 않은 방향으로 사용할 수도 있는데 분노에 대해 지나치게 좋지 않은 기억을 갖고 있으면 분노 자체에 대해 회피하고 억압할 수 있습니다. 착함으로 분노를 가리고 적절하지 않는 방법으로 표출하는 사람들도 있습니다. 그렇기에 상담사는 분노에 대한 전반적인 지도와 교육을 다시 해주어야 할 때가 많습니다.

학부모 : 도와주고 싶은데 어떤 방법이 있을까요?

상담사 : 우선 인내심과 통찰력을 기르는 것이 효과적인 방법이 될 수 있습니다. 화가 폭발적으로 올라오는 상태에서 인내하는 것을 배우면 분노의 원인과 이유에 대해 살펴보고 판단해 볼 수 있습니다. 또한 분노의 상황에서 감정을 다스리지 못하는 사람들의 특징을 보면, 그 감정에 대해 인내하지 못하고 즉각적으로 표출하는 것이 습관화된 경우입니다. 여러 상담에서 확인할 때 적개심은 상

대방을 해하고 싶을 정도의 강렬한 종류의 분노입니다. 물론 이것은 사람과 관련된 분노이지만 상황이든 사람이든 그것을 용서하지 않으려는 태도가 깊은 습관으로 자리 잡을 때 욕구는 더욱 커지며 분노의 불길이 거세집니다. 욕망이 좌절 되었을 때 자동적으로 분노가 반응하기도 합니다. 이런 부분에 대한 이해와 훈련이 필요합니다. 반복적인 분노 조절의 실패는 타인에게 상처를 주기도 하고, 자신도 존중하지 못하는 악순환으로 이어지기도 합니다. 스스로 죄책감을 만들게 되어 빠져나오지 못하는 연결고리로 이어질 수도 있습니다.

학부모 : 구체적인 방법은요?

상담사 : 자기 분노를 일으키는 원인과 욕구를 상담사와 함께 잘 살피고 분노가 어떤 방향으로 향해 있는지 통찰할 수 있어야 합니다. 이런 과정은 처음엔 스스로 해내기 어려울 수 있습니다. 깊은 동기와 욕구를 스스로 드러내기는 쉽지 않기 때문입니다. 상담사와 함께 원인을 찾아내고 교육과 훈련을 통해 방향 감각에 대해 잘 익힌다면 분노를 조절하는데 도움이 될 거예요. 실제로 이런 훈련을 할 때 성공적인 방향으로 가다가 다시 분노를 폭발하는 일들이 생길 수 있고, 표현하지 못하고 반복적으로 자신을 향

하게도 할 수 있습니다. 그렇지만 포기하지 않고 훈련하는 것이 중요합니다.

고치고자 하는 마음이 있을 때 여러 측면에서의 분노 조절 실패 경험은 자신을 살펴보는 유용한 도구가 되기도 합니다. 어떤 순간에 왜 화가 나는지 살펴본다면 분노를 좀 더 다루기 쉬워질 거예요. 또 화를 낸 이후 해를 입은 사람이나 자기 자신의 상태에 대해서도 정직하게 평가한다면 이익을 보는 것보다 손해를 보는 것이 많다는 사실을 인식하게 될 것입니다. 이런 인식과 더불어 분노를 참게 되고 줄이게 되는 경우도 있습니다. 이 외에도 분노의 종류와 패턴은 다양해서 개별적으로 살펴볼 필요가 있습니다. 그러나 운동선수들에게 매우 중요한 문제입니다.

학부모 : 제가 분노라는 감정에 대해 너무 단순하게 생각했던 것 같아요.

상담사 : 데이비드 폴리슨이라는 상담학자에 의하면 분노에도 유형이 있다고 말합니다. 분노가 나쁜 것이라고 인지하고 후회하는 유형이 있고, 자신의 분노를 알긴 하지만 타인보다 심각하지 않다고 느끼는 유형도 있다고 합니다. 또한 분노의 원인을 정당화하기도 하고 자신은 절대 분노가 없다고 말하는 유형들도 있습니다.

마지막으로 분노는 사회에서 꼭 필요하기 때문에 옳다고 하는 사람들과 완전히 분노란 걸 모르는 사람처럼 평화롭게 살아가고 있다고 말하는 사람들도 있습니다. 여러 유형에 따라 분노에 대해 오해를 하곤 하며 이러한 잘못된 해석 안에 문제점들이 숨어 있을 수 있습니다. 방향성을 잘못 잡으면 분노를 단순히 잠재우는 것으로 생각하거나, 과격한 표현을 정당화 하거나, 동기를 무시하게 되며 반드시 선한 분노의 정서가 필요한 일에도 감정을 회피하는 지혜롭지 않은 결과들을 초래하게 합니다. 올바른 방향으로 사용되지 못하게 되는 것이죠.

상담사 : 분노와의 투쟁은 상당한 시일이 걸리는 일이 될 수 있습니다. 분노를 전인격적 측면에서 이해하고 유형을 살피며 좋은 점과 좋지 않은 점 등에 대해 교육해서 판단 기준이 무엇인지 분별해 내는 등의 많은 과정들이 필요한 일입니다. 상담사는 상담 과정에서 동기와 욕망을 발견하게 하며 분노에 대한 사고방식을 다방면으로 검토하게 됩니다. 아주 깊숙이 뿌리내린 천성을 변화시키는 작업을 하게 되는 것입니다. 대인관계 측면에서도 반드시 필요한 부분이기에 오래 걸려도 학습하고 적용해야 할 중요한 부분입니다. 결국 분노라는 것을 선한 측면과 악한 측면으로 분리해 내는 작업을 해나가게 되는 것이에요.

학부모 : 잘 설명해 주셔서 감사합니다. 분노라는 정서가 삶에서 정말 중요한 것 같아요. 반복적으로 억제하거나 사라지게 해야 된다는 차원에서 더 나아가 좋은 방향과 악영향을 줄 수 있는 방향을 잘 이해할 수 있도록 노력하고 이해해야겠어요. 아이에게 적용하는 것이 어려울 것이라는 생각이 들지만 포기하지 말아야겠어요.

우울증

선수 : 요즘 침대에만 누워있고 싶고 아무것도 하고 싶지 않아요. 너무 침울하고 식욕도 없어요.

상담사 : 언제부터 그랬나요?

선수 : 올림픽이 끝난 직후부터 그랬던 것 같아요.

상담사 : 최근 어떤 스케줄을 보내고 있어요? 운동은 계속 쉬고 있나요?

선수 : 이번에 모든 걸 쏟아 붓고 그냥 아무 생각 없이 쉬고 있어

요. 쉴 만큼 쉬었는데도 꼼짝도 하고 싶지 않네요.

상담사 : 무력감이라는 감정에 깊이 빠져 있는 것 같아요. 큰 대회를 마쳤으니 충분히 쉬어야 하고 회복해야 하는 건 맞는데, 살펴보니 기간이 오래 되었음에도 불구하고 지금 아무 일도 하지 않고 있잖아요.

그런 부분과 무력감이 연결될 수 있습니다. 아마 그 감정이 우울증으로 느껴지는 것 같아요. 모든 우울증이 이 문제와 연관된 것은 아니에요. 생물학적인 문제들이나 다른 원인에서 비롯될 수도 있습니다. 그러나 선수가 호소하는 우울감은 생산성과 연관이 된 것 같습니다.

선수 : 의욕이 없어서 무언가하기 힘든데요?

상담사 : 쉬는 것이 중요하지만 이 기간에 반드시 해야 할 생산적인 일을 피하는 것이 빠른 시간에 습관이 된 것 같아요. 쉬는 것과 꼭 해야 할 일을 하지 않는 것과는 구분해야 할 지점입니다. 계속 무언가 뒤로 미룰 때 우울증은 깊어져 갑니다. 좋은 방법은 전날 저녁에 다음날 할 일을 잘 기록해 두고 오전에 그 일들을 순차적으로 해나가는 겁니다. 꼭 그게 운동일 필요는 없어요. 생산적

인 일을 우선적으로 하면 무기력감이 사라질 수 있습니다. 에너지를 사용하지 않으면 그 에너지가 더 충전될 것 같지만 사실 그렇지가 않아요. 오히려 부정적인 에너지로 변하게 됩니다.

선수 : 음 그럼 배우고 싶은 것들을 배우거나 취미생활을 하는 것들도 도움이 되겠네요?

상담사 : 생산적인 일을 하는 것이 항상 첫 번째이고 무기력하거나 우울한 기분이 들면 사람들과 함께 있는 것도 좋아요. 할 일을 먼저 한 후 사람들을 만나서 교제하고 대화를 하는 시간을 마련해 보세요. 특히 아주 깊은 상태의 우울증에 빠질 경우 연락할 만한 친구나 동료를 기억해 놓고 도움을 요청하셔야 해요. 물론 지금은 그 정도의 우울증은 아닌 것 같습니다. 생산적인 일들을 다시 시작하세요! 게으름과 우울증이 항상 관계가 있다는 것을 기억하셔야 합니다.

선수 : 감사합니다. 시합이 끝나고 목표를 좀 잃어버려서 제가 너무 제 자신을 놓아 버린 것 같아요. 좀 움직여야겠습니다.

죄책감

선수 : 기억하고 싶지 않은 과거 일들이 자꾸 떠올라요.

상담사 : 구체적으로 무엇에 관한 일인가요.

선수 : 말하기 어려워요. 예전에 제가 타인에게 했던 일들에 대한 거예요. 그 생각이 자꾸 떠올라서 너무 괴로워요.

상담사 : 누군가에게 그것에 대해 털어 놓은 적이 있나요?

선수 : 아니요. 절대 말 못하는 사건이에요.

상담사 : 음, 표현하는 것을 어려워하는군요.

선수 : 제가 이 사실에 대해 말하면 모든 것을 잃어 버릴까봐 염려가 되요. 사랑하는 사람들이 다 떠나갈 것 같아요. (죄책감과 관련된 이야기들을 조금 시작함)

상담사 : 이야기를 들어보니 전에 있었던 사건은 선수가 갖고 있는 도덕적 기준과 연결된 '금기'에 대한 사건인 것 같아요. 무엇인가를 해야 한다, 하지 말아야 한다는 도덕성은 인간 마음속에 자리잡고 있는데, 하지 말아야 한다고 강하게 생각하고 있는 것을 했기 때문에 지속적으로 충돌이 일어나는 것으로 보여요. 강한 도덕적 편견과 생각은 쉽게 인간을 죄책감에 빠져들게 합니다. 죄책감이란 감정은 인간을 괴롭게 해요. 벗어나고 싶은데 벗어날 수 없는 감정을 갖는 것은 괴로운 일입니다. 물론 절대 해서는 안 될 행동에 대한 강렬한 죄책감도 있지만 많은 경우 사소한 행위에 대해서도 반복적으로 죄책감을 느끼는 경우가 있는데 이때는 어릴 때부터 형성되고 학습된 '절대 하지 말았어야 하는 일'에 대해 살펴보는 것이 필요합니다.

선수 : 금기요? 죄책감이요? 그럼 어떻게 해야 할까요?

상담사 : 상담학자들은 어린 시절 금기에 대한 죄책감이 성인기가 되어서도 지나치게 반복되면 그것을 신경증이라고 합니다. 사실 그런 금기에 대한 죄책감 때문에 인간 내면 깊은 곳의 참된 죄책감, 즉 진짜 죄책감을 보지 못하게 돼요. 진실한 마음에 다가가는 게 어려워지는 거죠. 일차원적인 죄책감에 대해 저랑 충분히 나눈 다음 선수가 갖고 있는 감정에 대해 표현하고 고백하는 일을 우선 하는 것이 중요할 거예요. 더불어 도덕적 가치 기준이 어떻게 형성된 것인지 가치관에 대해 살펴보는 것이 필요합니다. 상담사와의 좋은 신뢰 관계에서 거짓 죄책감을 지나 참된 죄책감을 다룰 수 있는 자리로 함께 나가는 게 좋을 것 같습니다. 그렇게 될 때 지금 있는 금기에 대한 죄책감이 들어도 자신과 타인을 비판하고 비난하는 것도 멈추게 될 거예요. 굉장히 중요한 문제입니다.

선수 : 네, 맞아요. 제 자신을 자책하는 것도 이제 힘들어요. 그럴 때마다 누군가 비난하고 비판하는 제 모습도 싫고요. 더 괜찮은 사람이 되고 싶지만 자꾸 허물이 보여 너무 답답했어요. 단편적으로 무엇을 하고, 안하고에 대해 도덕적인 잣대를 적용하는 것에 대해 곰곰이 생각해 봐야겠어요.

상담사 : 네, 엄격하고 지나친 규율과 관습이 어떻게 형성되었는지

충분히 나누는 것부터 시작해 봐요. 도덕성 자체가 나쁜 것은 아니지만 자신의 도덕성이 가장 '옳다'라고 생각될 때 정서가 경직되고 깊은 곳에 참된 죄책감으로 들어가는 것을 방해하게 됩니다. 다음 시간부터 그런 형성 과정에 대해 이야기 나누어 보도록 해요. 용기 내주어 고마워요.

수치심

선수 : 좀 부끄러운 이야기이긴 한데, 자위행위에 대해 의논하고
싶은데 가능할까요?

상담사 : 그럼요. 어떤 문제인가요?

선수 : 운동에 방해가 될 만큼 자위행위를 많이 하는 것 같아요.

상담사 : 언제부터 그랬어요?

선수 : 어렸을 때부터요. 사실 제가 어렸을 때 부끄러움이 많고 수
줍음도 많았어요. 연습 때는 괜찮았는데 큰 시합에 나가면 많이

떨곤 했는데 시합을 망치거나 잘못하는 게 너무 스트레스가 되는 거예요. 그때부터 습관적으로 그렇게 했던 것 같아요.

상담사 : 그랬군요. 그렇게 하면 스트레스가 해소되었나요?

선수 : 직후에는 해소가 된 듯이 느껴졌어요. 그래서 계속 반복했는데, 시간이 좀 지나면 그런 행위에 대해 후회하고 부끄럽고 계속 그런 기분이 며칠 동안 지속되어요. 그런 감정을 잊기 위해 다시 반복하고, 그런 것들이 컨디션 관리와 회복에 방해가 되었던 것 같아요.

상담사 : 네, 어떤 어려움이 있는지 알 것 같아요. 많이 힘들었겠어요. 그런 감정이 들 때는 사람들을 만나지 않고 피했지요?

선수 : 아, 네. 맞아요. 그럴 땐 주로 혼자 있고 싶어요.

상담사 : 부끄러운 느낌, 수줍은 느낌에서 힌트를 얻었는데 그런 느낌을 힘들어 하는 것 같아요. 선수가 갖고 있는 성향 자체가 착하고 여리고 섬세한데, 어릴 때부터 그런 부분에 대해 수용 받고 공감 받기보다 억압해야 하는 감정으로 여기고 그 느낌을 억제해 왔

을 수 있다는 생각이 들어요. 사실 선수가 느끼는 그 감정은 굉장히 광범위하게 인간에게 영향을 주는데, 오늘은 선수가 갖고 있는 고민과 연결시켜서만 다룰게요. 쉽게 다룰 수 있는 문제들은 아니에요.

상담사 : 선수가 운동을 실패하거나 잘하지 못하거나 대회에서 좋은 모습을 보이지 못했을 때 느끼는 감정이 본인이 느끼기 가장 어려운 종류의 정서인 것 같아요. 그 느낌이 들면 부끄럽고, 수줍고 그렇다고 했는데 결국 그 정서를 처리하지 못해 반복적으로 자위행위를 하게 되는 것입니다. 사실 이 행위가 그 정서를 처리해주는 것으로 보이지만 사실 더 깊이 있게 그 감정을 느끼게 해요. 그 점이 강화되면 감정에 대해 더 처리하기 어렵게 되는 거예요. 그럴 때에는 사람을 피하고 집에 혼자 있으면서 잠을 청한다든지 해서 최대한 그 감정을 피할 텐데 그런 고립감은 사실 좋지 않아요. 또한 생리적인 에너지 소비의 문제도 있지만, 그러한 정서를 감추고 숨기느라 사용하는 에너지 때문에 컨디션 관리는 물론 감정 관리가 잘되지 않고 운동에 많은 방해가 될 거예요. 상담 장면에서 선수를 가장 괴롭히는 그 녀석에 대해 추적하고 다루어 봐야 해요. 이건 긴 시간이 걸리는 일입니다.

선수 : 자세히는 모르겠지만 그 감정이 어떤 것을 말하는지 얼핏 알 것 같기도 해요. 불쑥불쑥 올라오곤 하는 느낌을 말하는 것 같아요.

상담사 : 네. 수치심이란 잘 보이지 않는 감정이에요. 잘 숨어 다니기도 하고 다른 감정이랑 잘 붙어 다녀서 확인하기 어려워요. 학자들은 수치심은 자아감과 깊은 관련이 있다고 말합니다. 즉, 타인과 관련 있는 것이 아닌 자신만이 경험하는 것이죠. 자신을 나쁜 존재로 인식하고 느끼는 것, 그 것이 수치심입니다. 이 부분에서 죄책감이랑 분명히 구분이 됩니다. 죄책감은 타인을 대상으로 부정적인 행위를 했을 때 느끼는 정서거든요. 수치심을 반드시 다루어야 하는 이유는 그 정서는 개인적 차원에서만 머물러 있지 않고 타인에게 수치를 가하는 행위로 나타나게 됩니다. 한 명의 리더가 수치심에 사로잡혀 있다면 팀 전체로 퍼져나갈 수 있는 거죠. 또한 이 녀석은 빠르고 잘 숨어 다닙니다. 전광석화와 같은 속도로 돌아다니기 때문에 다른 감정 뒤에 지속적으로 숨고 자신의 존재를 감춥니다. 위장을 들키기 상당히 싫어하는 녀석이에요. 상담사가 아주 통찰력 있게 관찰하고 추적하지 않으면 발견하기 힘듭니다. 숨어 있을 때 사라진 듯 보이지만 어느 샌가 다시 올라와 활동을 하는 복잡한 녀석이에요. 인간의 행동, 감정, 느낌, 생각 등

에 모두 영향을 줍니다.

선수 : 그럼 제가 그 수치심이란 감정에 노출될 때 반복적이고 습관적인 행동들을 할 수도 있다는 것이죠?

상담사 : 네, 그렇다고 볼 수 있습니다. 수치심이란 녀석이 찾아오면 선수의 조타실이 정복당했다고 봐도 무방합니다. 머리가 하얗게 되거나 생각이 굳는 것처럼 느껴지고 자신 이외에 타인은 눈에 들어오지 않게 됩니다. 이런 경우가 경기 현장에서 발생한다면 창의적 퍼포먼스나 실수에 대한 유연한 대처들에 당연히 영향을 받을 겁니다. 호소하신 문제대로 그것에서 벗어나기 위해 하는 행위들이 유익하지 않을 경우 컨디션 관리에도 상당히 영향이 있을 거예요.

선수 : 제가 그것을 이겨내고 극복할 수 있을까요? 방법이 있을까요?

상담사 : 커튼 톰슨이라는 신경생물학자가 쓴 『수치심』이란 책에서 취약감이 수치심을 활성화하는 감정이라고 말합니다. 취약성에 대해 자연스럽게 받아들이지 못하는 사회와 문화에서는 취약성을

갖고 있는 것 자체를 스스로 허용하지 못하는 경우들이 많습니다. 그러나 인간은 굉장히 취약한 존재죠. 바이러스 하나에도 쉽게 무너질 수 있고 질병이나 재난 앞에서도 약한 존재입니다. 벌거벗은 느낌의 취약함과 마주하지 않으려고 발버둥 치거나 그것을 다른 무언가로 감출 때 수치심에 대해 추적하는 것이 훨씬 더 어려워지는 것 같습니다. 수치심과의 진정한 화해는 수치심과 만나는 순간에 일어납니다. 진실되게 그 것과 만나는 것이 선행되어야 강렬한 감정을 풀어낼 수 있는 답들을 찾아가게 되는 것 같습니다.

선수 : 어려운 이야기들이지만 그동안 피하고 마주하지 않았던 것과 부딪혀야 한다는 것에 대해서는 분명히 알 것 같아요. 제 자신에 대해 잘 안다고 생각하고 스스로 통제할 수 있다고 생각했는데 반대로 운동에 방해되는 습관을 키워 취약성을 가리려 했던 모습도 알 것 같아요. 그 부분들을 해결 할 수 있게 도와주세요.

상담사 : 이미 치유의 여정은 시작된 것 같습니다. 어렴풋이라도 수치심이 무엇인지 인지하고 계시고 해결하고자 마음을 먹은 것만으로 큰 용기를 내신 거예요. 가장 강력하고 지독하게 자신에게 영향을 미치는 정서의 좋은 면과 그렇지 않은 부분을 차근차근

상담과 교육을 통해 살펴보기로 해요. 수치심이 꼭 필요한 이유들도 있거든요. 느낌에 대해 기록하고 연약함을 고백하면서 점차 선수가 성장하게 할 것이라고 확신합니다.

자아몰두와 자기연민

선수 : 국제대회를 얼마 남기지 않고 고민이 있어서 찾아왔어요. 제가 친구의 권유로 6개월 정도 심리 상담을 받는데 요즘 너무 힘들어서 잠도 잘 못자고 괴로워서요. 원래 약을 먹을 상태는 아니었는데 제가 너무 힘들어 하니까 약을 처방해줘서 먹고 있어요. 제가 비정상이 아닌가 하고 혼란스러운 마음이 너무 커서 찾아왔어요.

상담사 : 아. 그렇군요. 많이 혼란스러우시겠어요. 어떤 문제 때문인지 같이 살펴봤으면 합니다. 처음에 상담을 받으러 간 이유는 무엇인가요?

선수 : 음. 제 성격 때문에요. 제가 너무 예민해서 생각도 많고 한 번 무슨 일이 일어나면 그것에 대해 계속 생각하고 그런 부분이 너무 스트레스여서 해소하고 싶어서 신청했어요. 슬픔과 우울증도 심해졌고요.

상담사 : 네. 어려서부터 그런 편이었어요?

선수 : 어릴 때부터 까탈스럽다는 말을 많이 듣고 자랐어요. 남자인데도 여자애들이 좋아하는 장난감을 갖고 놀고, 촉각도 예민해서 미용실에서 머리도 잘 못 깎았다고 엄마가 종종 말했던 것도 기억나네요.

상담사 : 기질적으로도 원래 예민한 편이었던 것 같네요. 타고난 성향이 섬세하고 예민한 것 같아요. 그런 부분에 대해 자연스럽게 받아들이지 못하고 문제시하면서 상담을 받게 되었군요.

선수 : 네, 제가 좀 생각이 많아서.

상담사 : 알 것 같아요. 지금 왜 상태가 더 악화되었다고 생각하는지 알 것 같습니다.

상담사 : 자, 원래 예민한 사람들은 작은 일에도 민감하고 섬세하죠. 오늘 상담을 하면서 확인하고 관찰한 결과, 선수의 경우 지난 일에 대해 굉장히 곱씹고 골똘하게 생각하는 편이에요. 어떤 사건에 대해 계속 몰두하는 성향을 갖고 있는 것처럼 보입니다. 많은 사람들이 때로 깊이 생각하는 것을 생산적이라고 생각하는데, 생각과 감정을 지속적으로 깊이 묵상하다 보면 자기 연민이라는 감정으로 빠지게 될 수 있음을 주의해야 합니다. 심리상담을 받으며 더 악화되었다고 느끼는 지점이 바로 이것과 연결될 수 있을 것 같아요.

선수 : 아. 맞는 것 같아요. 몰두하는 성향이 있어요.

상담사 : 최근 현대 심리상담은 지나치게 감정에 몰두하게 하는 경향이 있습니다. 물론 상담사들은 감정을 다루어야 하지만 오로지 감정만을 다루고 감정 자체에서만 답을 찾으려 하는 것을 주의해야 합니다. 아마도 선수의 경우 심리상담을 통해 감정을 계속해서 다루면서 본인이 갖고 있는 몰두하는 특성과 결합하여 상태가 악화된 것 같아요. 즉, 원래 생각이 많고 몰두를 하는 편인데, 반복적으로 감정을 관찰하도록 시키는 상담을 통해 자기 감정에 지나치게 몰두한 것으로 여겨집니다. 평소 다른 것을 할 때도 이렇게

몰두하는 경향이 있는데, 상담 시간에도 그랬던 것 같아요. 다양한 감정들에 몰두하게 되자 예민한 기질의 선수가 슬픔, 우울 등의 정서 속에서 깊이 빠져 나올 길을 잃게 되지 않았나 생각해 보게 됩니다.

선수 : 맞는 것 같아요. 몰입을 잘하는 것이 제 장점이기도 한데 상담도 빨리 끝내고 싶은 마음에 시키는 것 이상으로 했던 것이 부작용이 된 것 같기도 해요. 사실 반복적으로 감정만 다루는 것이 저를 더 편하게 만들거나 경기력 장면에서도 큰 효과를 맛보게 하지는 못한 것 같아요. 오히려 악화되어 약을 복용하게 되었고요. 반복적으로 생각하고 감정에 집중하는 것을 좀 멈춰야겠어요.

상담사 : 그렇습니다. 아무 일도 하지 않고 자기 몰두를 하는 것은 자아를 분열시킬 만큼 위험한 일이 될 수 있다는 것을 알아야 해요. 상담사가 어떤 근거를 갖고 감정을 다루느냐가 굉장히 중요한 이유입니다. 목적지 없이 출발한 비행기를 타고 하늘에 떠 있는 승객들은 결코 여유와 안락함을 느끼지 못할 거예요. 상담도 마찬가지입니다. 정확한 목적이 설정되어 있지 않은 심리 상담은 어린 시절의 감정을 처리하고 다루는 것에만 집중 시키는데, 이런 일들이 오히려 길을 잃게 만드는 위험한 일이 될 수 있다는 것을 알

아야 합니다. 상담사는 치유의 길을 내어 주어야 합니다. 그러나 반대로 죽음으로 가는 길을 내어 줄 수 있다는 사실을 상담사들과 내담자들도 알아야 합니다. 그래서 상담사를 신중하게 선택해야 합니다. 그 사람이 갖고 있는 인생관, 가치관, 세계관 등이 무엇인지 잘 알아보고 선택해야 해요.

선수 : 아… 감정에 지속적으로 몰두하는 것이 저를 더 성장시키고 회복시키는 것이라고 생각했었는데 지나친 자기몰두가 더 힘든 상황을 만들게 되었다는 것을 알게 되었어요. 감정에 깊게 빠져있는 것이 오히려 저를 악화시켰다는 것을 알게 되어 도움이 된 것 같아요.

스포츠 문화 속에서
문화 변혁자로 살아가기

 운동선수의 삶을 선택해서 스포츠 현장을 경험한 사람들은 자연스럽게 스포츠 문화에 대해 관심을 더 갖게 된다. 외부에서 보는 시선보다 그 문화 안에서 살아갈 때 그 문화를 더욱 잘 알게 되는 법이다. 문화 변혁자로 살아가기 위해서는 문화에 대한 깊은 이해가 있어야 한다. 자신의 문화를 사랑하고, 그 안에서 일어나는 문화에 대한 존중심이 있어야 한다. 비판과 비난도 이런 사랑에서 나와야 하며, 대인관계에서의 갈등도 문화 개선을 위한 과정이 되어야 한다. 어떤 문화든 그 안에는 좋은 점과 나쁜 점들이 분명히 존재한다. 스포츠 문화를 경험한 사람들은 기사에서 나오는 스포츠인들의 문제가 낯설게 느껴지지 않을 것이다. 자신이 경험하거나 옆 동료가 경험한 그런 문화들이 수면 위로 올라올 때,

당혹감과 수치심 그리고 반성하고 개혁해야 한다는 마음이 생긴다. 앞서 긴 글을 통해 문화 변혁자로 가는 길들에 대해 방법을 제시했다.

첫 번째로 초반에 언급한 내용대로 시대적 사조에 대한 이해가 있어야 하며, 역사 속에서 스포츠 현장을 바라볼 수 있는 눈이 필요하다. 두 번째로는 한 인간에 대한 깊은 사랑과 관심이 필요하다. 우리는 타인을 통해 자기 자아 영역을 확장시킬 수 있다. 한 인간이 갖고 있는 내면의 세계는 우주와 같이 넓다. 시대의 흐름과 이 시대 문화가 갖고 있는 독특성에 대해 관찰하고 성찰해야 한다. 철학적인 부분에 대한 인식도 확보하여, 한 명의 지도자가 갖고 있는 철학과 교육관에 대해 스스로 개혁하고 반복적으로 고찰하며 발전시켜야 한다. 건강한 철학은 타인에게 큰 영향을 미치게 된다. 더불어 앞서 상담 사례를 통해 보았듯이, 우리는 공동체에 대한 깊은 관심을 가져야 하고 스포츠인들의 내면과 정체성에 대해 알고자 해야 한다. 자기중심성에서 빠져나와 타인에 대한 관심을 갖는 것이 자신의 영역에서 변화로 이어진다는 사실을 분명하게 인지해야 하며, 옆 사람을 세워 일으켜주는 사람으로 살아가야 한다. 누군가에 대한 부정적이고 비판적인 태도는 자기가 갖고 있는 자아상과 분명히 관련이 있다. 타인을 바라보는 좋은 시선과 감사함을 잃어버린 지금 시대의 운동선수들에게는 건전하고 건강한 자아상의 회복이 필요하다. 우리는 서로를 항상 용납하고 격려해야 한다. 건강한 의사소통을 통해 복잡하고 미묘한 문제들을 잘 다룰 수 있게 된다. 타인의 말에 귀 기울여 경청하며 공감하고 때로는 훈계와 권면을 하여 서로의 성장을 도와야 한다. 이런 작은 일들로 말미암아 공동체의 분위기와 문화는 조금씩 변하게 될 것이다. 또한, 서로를 충분히 격려하고 북돋아 주어야 한다. 자라나는 어린 꿈나무 선수들에게 자아형상을 획득하게 해주는 일에 더욱 힘써야 한다. 시기적으로 어린 선수들에게 이런 긍정적인 지원이 가장 많이 필요한 때이다. 그들의 강점을 발견하게 해주고 확실한 소명을 찾게 해주는 것은 그들을 여러 가지 부정적 정서와 감정에서 구해줄 것이다. 세 번째로 다양한 지식과 지혜들을 획득해야 한다. 우리의 문화를 변화시키려면 타 문화권에 대한 폭넓은 이해와 소통이 필요하다. 공동체 영역을 넓혀 그곳에서 새로운 사람들과 교제하며 교류하는 것들이 필요하다. 앞서 언급했지만 문화의 다양한 시각을 확보하고 통찰력을 기르는 교육을 받아야 성장할 수 있다.

마지막으로는 배움의 자세가 필요하다. 책을 통해 우리는 깊은 지혜를 얻을 수 있다. 조금만 관심을 갖는다면 양질의 책들을 통해 우리의 지혜를 폭넓게 확장시킬 수 있다. 독서 습관으로 획득한 세계관의 확장과 한 인간의 내면 성장을 통해 우리는 가까운 곳부터 자신이 속한 모든 곳에 긍정적인 영향을 줄 수 있다. 특히 고전을 많이 읽어라. 고전에서 유서 깊은 좋은 철학들과 가치관을 발견할 수 있다. 한 권의 훌륭한 책을 여러 번 읽어도 좋다. 다만 항상 생각하며 읽어야 한다. 책을 음미하며 자양분으로 삼게 되면 자신도 모르게 자기 삶의 자리에서 선한 영향력을 발휘하게 될 것이다. 경기력에도 영향을 미칠 것이라고 확신한다.

자신이 속한 영역에서의 성공과 성적이 중요하지만, 그것보다 먼저 우리의 문화인 스포츠 문화 영역 전반에 대한 관심과 변화에 대해서도 치열하게 생각해야 할 것이다. 상품화된 정체성을 온전한 나를 찾기 위한 정체성으로 대체해야 하며, 무너져 가는 인권의식을 우리 스스로 세워가야 하는 것이다. 더 나아가 찾아가는 스포츠 멘탈코치가 되어 대한민국 곳곳과 세계를 누비며 도움을 필요로 하는 선수들의 좋은 벗이 되어 주어야 할 것이다. 스포츠 문화 영역의 변혁은 나로부터 시작한다는 것을 꼭 기억해야 한다.

음악을 듣고 커피를 마시며 아이들과 함께 보낸 시간을 떠올리며 글을 쓰고 있는 이 순간, 기쁘고 가치 있는 일들이 어떤 것인지 다시 한 번 확신하게 된다. 힘들게 선택한 상담사의 길에서 얻는 것들이 많다. 사랑을 주고 싶어 선택한 이 길에서 나는 오히려 더 많은 사랑을 받고 있다. 나는 지금 타인의 인생을 배우고 영혼의 언어를 배우며 진정한 소통을 경험하고 있다.

움츠려 든 작은 영혼들을 안아 주었을 때 피어오르는 그들의 모습을 보는 것은 아름다운 꽃이 피는 장면을 보는 것처럼 신비로운 일이 아닐 수 없다. 때론 상담을 하는 동안 다양한 장면들을 상상하게 되는데, 오늘은 특별한 장면이 스쳐 지나갔다.

우울하고 무기력한 아이가 미로 같은 길에 서서 자신이 갈 바를 알지 못하고 서성이고 있다. 너무 많은 길들이 펼쳐져 있고, 두려움과 공포의 안개가 뒤덮인 길이라 선뜻 길을 나서기 어려워한다. 나 역시 길을 출발하는 것이 여전히 두렵고 불안하다. 그나마 예전에 누군가의 손을 잡고 걸었던 것을 생각하며 용기를 내보기로 결단할 뿐이다. 처음엔 발걸음을 옮기기조차 힘들어했던 아이는 내가 먼저 발걸음을 옮기자 천천히 길을 따라나선다. 나를 꼭 붙잡은 두 손은 미세하게 떨렸고 아이는 조금씩 용기를 내기 시작한다. 그 길을 걸으며 나는 그 아이와 이런저런 이야기를 나눈다. 우리가 예상하지 못한 큰 장애물 앞에서 다음 단계로 넘어가지 못하고 긴 시간 동안 그곳에 머물러 있기도 한다. 때론 큰 공포심에 사로잡혀 원망 어린 목소리로 나에게 질문하기도 한다.

"선생님 언제까지 걸어가야 하는 거예요? 제가 이 길을 통과할 수 있을까요?"

한참을 다시 걷고 있는 가운데 그 아이는 깊이 감추고 있던 자신의 지나온 삶을 털어 놓고 울기 시작한다. 놀랍게도 그 눈물은 바람을 타고 날려 반짝이는 지표가 되어 우리의 길을 선명하게 인도해 주고 있다. 촘촘히 흩어진 반짝임을 통해 두려움이 걷히고, 공포에 갇혀있던 우리의 마음에 희망이 피어오르기 시작한다. 혼자였으면 가지 못했을 어려운 길을 함께 동행하며 우리는 삶에 대해 배워간다.

참고문헌

박영선 (2008). 우리와 우리 자손들 : 서울 : 세움

김병찬 (2019). 왜 교사 리더십인가 : 서울 : 학지사

김광수 (2007). 용서의 심리와 교육프로그램 : 한국학술정보

커튼 톰슨 지음, 김소영 옮김. 수치심 : 서울 : IVP

제이 E. 아담스 지음, 정정숙 옮김. 상담학 개론 : 서울 : 베다니

제이 E. 아담스 지음, 정정숙, 옮김. COMPETENT TO COUNSEL : 서울 : 베다니

데이빗 A. 씨맨즈 지음, 윤종석 옮김. (2020). 치유하시는 은혜 : 서울 : 두란노서원

데이빗 A. 씨맨즈 지음, 송헌복 옮김. (1992). 상한 감정의 치유 : 서울 : 두란노서원

스캇펙 지음, 윤종석 옮김. (2003). 스캇펙의 거짓의 사람들 : 서울 : 비전과 리더십

조나단 에드워즈 지음, 서문강 옮김. (2013). 신앙과 정서 : 서울 : 지평서원

데이비드 폴리슨 지음, 김태형, 장혜원 옮김. (2019). 악한분노, 선한 분노 : 서울 : 토기장이

안토니 A. 후쿠마 지음, 정정숙 옮김. (2008). 성경이 가르치는 자아형상 : 서울 : 베다니

팀켈러 지음, 오장향 옮김. (2016). 팀 켈러의 센터처치 : 서울 : 두란노서원

리차드 윈터 지음, 김동규 옮김. (2007). 지친 완벽주의자를 위하여 : 서울 : IVP

아맨다 M. 니콜라이 지음, 홍승기 옮김. (2004). 루이스 VS 프로이트 : 서울 : 홍성사

폴 투르니에 지음, 추교석 옮김. (2001). 죄책감과 은혜 : 서울 : IVP

폴 비츠 지음, 장혜영 옮김. (2010). 신이 된 심리학 : 서울 : 새물결플러스

영화. 보리 vs 매켄로

SPORTS MENTAL COACHING BIBLE

스포츠멘탈코칭 바이블

초판인쇄   2021년 11월 22일
초판발행   2021년 11월 26일

지은이   김범수
발행인   조현수
펴낸곳   도서출판 더로드
기획   조용재
마케팅   최관호 강상희
편집   권 표
디자인   호기심고양이

주소   경기도 고양시 일산동구 백석2동 1301-2
           넥스빌오피스텔 704호
전화   031-925-5366~7
팩스   031-925-5368
이메일   provence70@naver.com
등록번호   제2015-000135호
등록   2015년 06월 18일

정가 15,000원
ISBN 979-11-6338-192-1 03190